Educação Inclusiva e Diversidade

Aponte a câmera do seu celular para o QR CODE abaixo e acesse a tradução em Libras do resumo de cada capítulo.

Luciana Freitas
Rodrigo Carlos Pinheiro
Dayse Garcia Miranda
(organizadores)

Educação Inclusiva e Diversidade

MAZZA edições

Educação Inclusiva e Diversidade

Capa
Túlio Oliveira

Revisão
Lourdes Nascimento

Projeto Gráfico e Diagramação
Lorrany Mota de Almeida

Tradutor de Libras
Bruno Braga

E24 Educação Inclusiva e Diversidade / organizado por Luciana Freitas, Rodrigo Carlos Pinheiro, Dayse Garcia Miranda. - Belo Horizonte : Mazza Edições, 2022.
168 p. ; 16 cm x 23 cm

ISBN: 978-65-5749-059-4

1. Educação. 2. Educação inclusiva. 3. Diversidade. I. Freitas, Luciana. II. Pinheiro, Rodrigo Carlos. II. Miranda, Dayse Garcia. III. Título.

CDD 370
CDU 37

Elaborado por Vagner Rodolfo da Silva - CRB-8/9410
Índice para catálogo sistemático:
1. Educação 370
2. Educação 37

MAZZA EDIÇÕES
Rua Bragança,101 - Bairro Pompeia
30280-410 Belo Horizonte/MG
Telefone: (31) 3481-0591

SUMÁRIO

PREFÁCIO

A leitura desta coletânea de temáticas educacionais me transportou para meu lugar de professora de Literatura e, neste meu chão, a poesia é água que bebo em cada dia que me coloco disponível para aprender. Carlos Drummond de Andrade, em seu poema "Mãos dadas", retrata os propósitos, os anseios, os objetivos de cada capítulo que ora se apresenta neste livro: "... *o presente é tão grande, não nos afastemos. Não nos afastemos muito, vamos de mãos dadas. O tempo é a minha matéria, do tempo presente, os homens presentes, a vida presente*".

Os diálogos apresentados nesta obra valorizam e reconhecem as diferenças como linha pedagógica promotora de ações que revisitem o fazer docente. Ao ler cada capítulo, fui olhando para a minha práxis educadora e me desconstruindo e reconstruindo ao perceber quão vastas são as ações que transcorrem no espaço educacional... *o presente é tão grande...*

Os capítulos reforçaram em mim a necessidade de sempre buscar ler a sociedade e sua lógica de opressões com a lente da *interseccionalidade* – conceito que opera com as interações entre marcadores sociais que influenciam a vida das pessoas. Na verdade, esta coletânea descortina a importância de que a interseccionalidade abrace não apenas gênero, raça e classe – conforme comumente é visto nos discursos sociais –, mas também outras fundamentais categorias como deficiência e idade, por exemplo.

Se nosso compromisso é, de fato, com a melhoria da qualidade da educação brasileira, os múltiplos marcadores sociais – relacionados a gênero, raça, classe, idade, capacidade e diferenças – devem ser levados em consideração nas práticas pedagógicas, uma vez que tais marcadores sociais estão articulados com os princípios da equidade. Nesse sentido, trazer a lente da interseccionalidade para a sala de aula é importante para não deixarmos as diferenças sociais se transformarem em desigualdades educacionais. A sala de aula – ao contrário do que no passado se imaginava – não está imune e muito menos blindada dos processos de discriminação, de opressão e de exclusão que há em nossa sociedade, daí a relevância de a prática pedagógica ser sensível e preparada para as diferenças e para as diversidades que há no mundo.

A leitura correspondeu com meu posicionamento em sustentar que a formação de professores deve conceber as diferenças como campo pertencente, próprio da educação. A diferença sempre esteve na escola e sempre foi refutada. *Não nos afastemos...* As particularidades linguísticas, culturais e sociais devem ser caminhos curriculares que promovam a ruptura de modelos e posturas hegemônicas correntes, oportunizando a concretude de políticas públicas tangíveis.

Preparar professores e escolas para as diferenças é construir um país que compreenda as múltiplas possibilidades de existências e que elas são fundamentais para o alargamento da nossa democracia. A escola tem que ser o lugar da superação de preconceitos, da construção de significados, de paradigmas didáticos que propiciem o reconhecimento de quem sempre foi invisibilizado. O novo mundo tem que ser gestado nas escolas. As ações pedagógicas necessitam elaborar percursos para que o estudante se sinta parte... *O tempo é a minha matéria, do tempo presente...*

A educação é a bussola contra a rudeza, a incivilidade que intimida, ameaça e nos inquieta. Sigamos... de mãos dadas... na construção de uma educação libertadora freiriana contra a submissão de quem quer nos negar e impedir nossa existência.

Duda Salabert

ENSINO EM DIREITOS HUMANOS: LETRAMENTO E ECOLOGIA DE SABERES

João Paulo Lisbão Nanô

O presente capítulo pretende se debruçar sobre o debate relativo ao ensino em direitos humanos e como este se articula com a perspectiva de uma educação contra a barbárie,[1] a partir de uma concepção de letramento em direitos humanos que mobilize uma visão contra-hegemônica[2], valendo-se do uso de narrativas de sofrimento e superação e da constituição de uma ecologia de saberes que promova a aproximação dessa com outras concepções de dignidade humana, que eventualmente guiem a percepção dos sujeitos educandos no que se refere à sociedade e aos deveres e direitos inerentes a ela.

O ENSINO DE DIREITOS HUMANOS EM TEMPOS DE VIDAS AMEAÇADAS

O largo marco legal e normativo evidencia a consolidação hegemônica dos direitos humanos como "Linguagem da dignidade humana"[3] (SANTOS, 2013). Apesar de sua consolidação, esta linguagem se

---

[1] O conceito de barbárie aqui mobilizado passa pelo diálogo da concepção trabalhada por Adorno em seus artigos publicados no livro *Educação e emancipação* (2020). Segundo Adorno, o fenômeno da barbárie não seria apenas um descompasso entre o desenvolvimento e o "esclarecimento" da civilização, mas, assim como anteriormente apontado por Freud, se apresentaria como parte constituinte do próprio processo civilizatório.

[2] Boaventura de Sousa Santos compreende os direitos humanos hegemônicos como meramente regulatórios e mantenedores do *status quo*; já os direitos humanos, do ponto de vista contra hegemônico, seriam marcados por uma visão cosmopolítica, constituindo uma política emancipatória a partir das lutas e dos diálogos interculturais entre diferentes concepções de dignidade humana, abrindo espaço, assim, para um "universal concreto".

[3] Por "linguagem de dignidade humana" remetemos ao entendimento proposto por Boaventura de Sousa Santos, de que essa seria uma gramática que dá voz e guia a emancipação dos sujeitos sociais (SANTOS, 2013; 2014).

encontra em disputa com base no entendimento de diferentes ideologias e grupos de interesse. Essa disputa em torno dos sentidos e dos potenciais emancipatórios dos direitos humanos nos leva a crer na potência da perspectiva contra-hegemônica desses direitos; e, partindo dessa crença, repensar as práticas e os entendimentos acerca do ensino de direitos humanos, em especial por serem repensados à luz das lutas sociais e demandas de grupos e sujeitos sociais oprimidos contra toda forma de sofrimento injusto (SANTOS, 2014). Sob essa ótica, necessário ter em vista o que vem ocorrendo em sociedades como a brasileira, quando nos confrontamos com o avanço das pautas ultrarreacionárias e suas políticas de intensificação da precarização de certas formas de vida e da barbarização das relações sociais.

Ao refletirmos acerca do lugar da educação no enfrentamento da barbárie, é de suma importância salientarmos o papel determinante do ensino em direitos humanos para o fomento do elemento empático e da circulação de afetos essenciais para a constituição de uma sociedade voltada para a emancipação dos sujeitos. O reconhecimento do outro é ponto crucial nesse processo, ainda mais tomando-se como ponto de partida um cenário social dominado pela doxa neoliberal, no qual, segundo Bauman, todas as relações são permeadas pelo seu caráter, líquido e ambivalente e a adiaforização, exclusão do indivíduo do domínio da avaliação moral, impõe-se por meio de uma relação consumidor-mercadoria. Nesse processo, as relações inter-humanas e os direitos e acessos a estes deixam, cada vez mais, de ser mediados pelo reconhecimento do outro enquanto sujeito de direitos, enquanto agente, e passam a ser mediados por relações de mercado e avaliações a partir dos critérios de valoração impostos por este (BAUMAN; DONSKIS, 2013).

O fenômeno de adiaforização exposto por Bauman e Donskis amplia a dimensão de precariedade desses sujeitos e corpos,[4] uma vez que exclui a possibilidade de reconhecimento destes fora da dimensão dos interesses do "mercado".

Butler traduz esse processo de deslocamento dos corpos e sujeitos passíveis de reconhecimento a partir da formulação do conceito de enquadramento (*frame*). Segundo a autora, esse enquadramento seria

[4] Segundo Butler, a precariedade dos corpos evidencia-se pela ampliação da sensação de ser descartável, dispensável (BUTLER, 2018).

fruto da ação do poder e de sua determinação de quais corpos e formas de vida seriam ou não passíveis de serem vividos e de quais seriam ou não passíveis de luto (BUTLER, 2018).

Ao se apropriar desse conceito de Judith Butler, Arroyo (2019) procura pensá-lo à luz da realidade da educação brasileira. Para o autor, a atuação histórica do Estado brasileiro – e em especial com o advento da onda ultrarreacionária – evidencia a tradição de negação de direitos e de ataques aos corpos e vidas a partir de uma lógica nefasta corroborada pelo conceito de "enquadramento" trazido por Butler. Segundo Arroyo:

> As práticas históricas do Estado administrar os Outros, os oprimidos como sem direitos, sem lugar nas estruturas de classe, etnia, raça, poder têm marcado as políticas sociais, educativas. Têm marcado a gestão dos direitos dos Outros à terra, teto, trabalho, renda, saúde, educação. Vida. Se pretendemos entender como o Estado ameaça a educação pública teremos de tentar entender como ameaça os Outros como coletivos sem direito a ter direitos. Sem direito até a vidas vivíveis, condenados a vidas ameaçadas (ARROYO, 2019, p. 29).

Para Arroyo, o ataque à educação pública, na atual conjuntura de avanço ultrarreacionário, não se caracteriza apenas por um mero desmonte de caráter neoliberal, mas se constitui enquanto consolidação de uma lógica de criminalização e negação dos direitos de negros, pobres, mulheres, jovens e militantes de movimentos sociais. Refletindo acerca dessas vidas ameaçadas, desses sujeitos sob relações de opressão e negação, Arroyo atenta para o fato de que:

> Paulo Freire [...] nos lembrava de que toda forma de opressão rouba humanidades e se pergunta qual a função da pedagogia em recuperar essas humanidades roubadas. Estamos em tempos de roubar vidas, de negar o valor do direito à vida. Tempos de opressões radicalizadas pelas violências de Estado, da própria justiça contra o direito à vida de jovens, adolescentes, militantes que buscam proteção para suas vidas ameaçadas nas escolas. Sabendo-se ameaçados, perdendo irmãos, amigos, parentes, vizinhos

vendo mães chorando, ouvindo as notícias de extermínios, vendo na mídia rostos de sua cor, sua raça, exterminados. Que conflitos identitários, éticos vivenciam e levam para as escolas? (ARROYO, 2019, p. 135).

Extrapolando esse último questionamento de Arroyo e apropriando-nos da discussão proposta por ele, cabe a nós nos indagarmos: qual papel se interpõe para a ética e a pedagogia diante dessas demandas? Ante o drama da desumanização e da barbárie, da definição de vidas como não passíveis de serem vividas, coloca-se a necessidade de uma pedagogia e uma ética que prezem por serem desbarbarizadoras, que visem acolher, reconhecer e dar visibilidade a esses sujeitos oprimidos.

Vislumbramos, em nossa prática e no artigo que ora apresentamos, o papel crucial da educação em direitos humanos para contribuir nesse processo de lutas contra a opressão e pela emancipação dos sujeitos sociais.

É necessário, portanto, promover ações e intervenções pedagógicas, a fim de letrar os educandos acerca dessa "linguagem de dignidade humana" e aproximá-los das concepções e dos valores trazidos por eles, com ênfase nas lutas por direitos e reconhecimento. Desse modo, poderão compreender o conteúdo e os contextos de uso dessa linguagem específica e potencializar suas lutas e ações enquanto cidadãos.

LETRAMENTO EM DIREITOS HUMANOS: UMA APROXIMAÇÃO

Pensar o ensino de direitos humanos na perspectiva de letramento interpõe termos em nosso horizonte que o próprio conceito de letramento é uma seara em disputa. Segundo Cosson (2015), o termo derivaria da palavra inglesa *literacy*, que em Portugal, e em seu uso no pensamento histórico, é traduzido como literacia.[5] O conceito no Brasil, apropriado pela área da educação, liga-se, inicialmente, a questões relacionadas a alfabetização e escrita. Cabe salientar que, segundo Cosson, Magda Soares exerceu um importante papel na desambiguação do termo, no que tange a aproximações e diferenciações deste nos processos de alfabetização (COSSON, 2015).

---

[5] O conceito de literacia histórica remete às habilidades dos sujeitos para lidarem com a dimensão temporal.

Para Magda Soares, as disputas acerca do termo também se referem ao âmbito da definição dele, enquanto dimensão individual ou social, e no que concerne aos métodos utilizados para sua avaliação e medição (SOARES, 1998). Segundo a autora, "quando o foco é posto na dimensão individual, o letramento é visto como um atributo pessoal [...]" (*ibidem*, p. 66), ou seja, uma apropriação das habilidades e tecnologias mentais necessárias para o desenvolvimento das competências leitora e escritora. Já "quando o foco se desloca para a dimensão social, o letramento é visto como um fenômeno cultural, um conjunto de atividades sociais que envolvem a língua escrita, e de exigências sociais de uso da língua escrita" (*idem*). Nessa ocorrência, o letramento não se constitui como mera habilidade ou ferramenta individual de decodificar e inscrever caracteres e seus significados, mas passa a ser entendido enquanto uma atividade inserida dentro de contextos e formas sociais de uso. Segundo Oliveira e Lima:

> [...] não basta apenas que a pessoa saiba escrever e ler a palavra, é necessário saber interpretá-la dentro do contexto em que é utilizada e, na atualidade, tal estágio denomina-se "letrado(a)", isto é, aquele(a) que consegue usar com proficiência a linguagem de acordo com as diversas necessidades comunicativas, de maneira que interprete as situações sociais e as traduza por meio da linguagem oral ou escrita (OLIVEIRA; LIMA, 2015, p. 336).

Para além da definição de Soares, Brian Street chama a atenção para a crítica à dimensão meramente instrumental e autônoma do letramento, atentando para seu caráter ideológico (STREET; STREET, 2014). O autor sustenta uma postura crítica diante de teóricos do letramento, em especial liberais como Walter J. Wong, que propõem uma "grande divisão" entre escrita e oralidade e por atribuírem ao letramento um caráter neutro, meramente instrumental e que *per se* garantisse, ao sujeito letrado ou em vias de letrar-se, uma capacidade crítica inerente e que sustentasse, por si só, um elevado nível de desenvolvimento social e cognitivo para os sujeitos implicados. Em oposição a essa perspectiva, Street encampa a ideia de que todo processo de letramento é perpassado por uma dimensão ideológica, que traz em si intencionalidades e reproduções de estruturas.

Segundo Brian Street e Joana Street:

> Um modelo ideológico [...] força a pessoa a ficar mais cautelosa com grandes generalizações e pressupostos acalentados acerca do letramento em "si mesmo". Aqueles que aderem a este segundo modelo se concentram em práticas sociais específicas de leitura e escrita. Reconhecem a natureza ideológica e, portanto, culturalmente incrustada dessas práticas. O modelo ressalta a importância do processo de socialização na construção do significado do letramento para os participantes e, portanto, se preocupa com as instituições sociais gerais por meio das quais esse processo se dá, e não somente as instituições "pedagógicas" (STREET; STREET, 2014, p. 44).

Os autores deixam isso claro ao se referirem aos caráteres "colonial" e "dominante" de certos processos de letramento. O primeiro diz respeito a processos de letramento impostos por poderes externos em culturas "iletradas" e "semiletradas" que têm como objetivo promover a adesão destas a controles coloniais, culturais e religiosos impostos pelos colonizadores. O segundo processo, o letramento "dominante", é tratado pelos autores como sendo fruto de políticas internas de um país ou de elites com vistas a promover um letramento descontextualizado das realidades locais e que favoreça a dominância da urbe sobre o campo e dessas elites sobre as classes subalternas. Desta feita, em ambos os casos, os usos e efeitos desses tipos de letramento desconsiderariam as formas diversas de apropriação do letramento por diferentes populações, além de ignorar outros espaços, formas e usos dos letramentos.

As perspectivas social e ideológica de letramento trazidas por Street permitem-nos repensar as práticas de letramento fora do campo exclusivo da alfabetização e da escrita, para nos debruçarmos sobre os usos e as implicações dos letramentos em um contexto mais amplo. Abrem-nos a possibilidade de pensarmos o letramento em uma concepção múltipla, caracterizada pelo uso e pela interação com a oralidade e a multiplicidade de linguagens (matemática, digital etc.) e mídias (analógicas e digitais, entre outras), trazendo à luz a perspectiva dos multiletramentos ou letramentos plurais, ou, ainda, letramentos adjetivados (COSSON, 2015).

Os multiletramentos possibilitam a interpretação destes, não só enquanto uma capacidade de leitura e escrita, mas também enquanto uma competência de produzir sentidos. Para Cosson:

> Essa produção de sentidos se localiza em diferentes contextos sociais e ao longo da vida dentro de um contínuo que coloca os letramentos em um horizonte mais amplo do que o escolar e ao mesmo tempo mais localizado tanto em tempos espaciais quanto temporais (COSSON, 2015, p. 46).

Cosson, em sua tese de doutorado, procura, na primeira parte de seu trabalho, pensar o lugar do conceito central de sua pesquisa, qual seja, o lugar do letramento político. Para isso, o autor parte tanto do conceito de letramento adjetivado quanto da recuperação contemporânea da antiga definição de letramento enquanto domínio de uma determinada área do conhecimento (COSSON, 2015). Ao pensar o letramento político, o autor fundamenta-se nos lugares arvorados pelo letramento em saúde e pelo letramento ambiental, que se legitimavam não só por reivindicarem um conjunto de habilidades e conhecimentos específicos para que seus objetos de conhecimento pudessem ser acessados e mobilizados pelos indivíduos, mas também pela dimensão empoderadora e emancipatória que a compreensão destes traria para a vida e a capacidade de decisão dos sujeitos letrados. Desse modo, Cosson procura definir o letramento político enquanto "processo de apropriação das práticas sociais relacionadas ao exercício da política" (COSSON, 2015, p.79).

Feita esta exposição, para efeito deste capítulo, o fenômeno do letramento é aqui entendido a partir de sua dimensão social, como fruto de um contexto permeado pelas relações sociais mais diversas, que delimitam e orientam as formas de uso da linguagem. Alinhando-nos com o entendimento de Cosson sobre o letramento político, compreendemos o letramento em direitos humanos como um processo de apropriação e construção de sentidos por parte dos sujeitos letrados acerca dos direitos humanos enquanto linguagem de dignidade humana. Mais do que isso, o sentido aqui expresso como fim último do letramento em direitos humanos não se constitui apenas na acepção de um conhecimento apreendido e ressignificado, mas em um sentido alinhado com a ideia de sentir: sentir o outro em seu sofrimento e demandas por reconhecimento, em seu direito de ser. Em suma, letrar possui o sentido de se aperceber da própria demanda de reconceber-se a dignidade humana e sua dimensão ontológica.

Para a efetivação desse processo, é de suma importância não perdermos de vista o papel da educação e dos espaços escolares como lugares privilegiados para a consolidação do letramento em direitos humanos, uma vez que, conforme aponta Carlos Estevão, "A educação é um dos lugares naturais de aplicação, consolidação e expansão dos direitos humanos; por outras palavras, é uma arena de direitos, com direitos e para os direitos" (ESTÊVÃO, 2015, p. 53).

Nessa arena de direitos, com direitos e para os direitos, a prática de letramento em direitos humanos deve ser entendida como o aproximar-se do educando por meio de uma perspectiva dialógica e permeada de novos enunciados (BAKHTIN, 2003), que propiciem a ele apropriar-se e ressignificar a linguagem dos direitos humanos dentro de suas lutas e demandas de existência e resistência.[6]

Vemos, desse modo, a centralidade da educação em direitos humanos como um processo de letramento e apropriação discursiva que se efetiva na perspectiva da mobilização dos direitos humanos enquanto uma linguagem de caráter emancipatório. Interessa-nos aqui menos o impacto do letramento em si, e mais como os estudantes se apoderam e dão sentido a essa linguagem nos usos cotidianos e nas lutas sociais (STREET; STREET, 2014).

Como percurso metodológico, a fim de contemplarmos as premissas aqui expostas com relação ao nosso entendimento da educação em direitos humanos, propomos a exploração das potencialidades da utilização das narrativas de sofrimento e superação e da "ecologia dos saberes" conforme proposta por Boaventura de Sousa Santos (2013; 2014; 2019), visando propiciar uma tradução intercultural entre as premissas e os valores trazidos e mobilizados pelos educandos, na circulação das falas destes, nas conversações e na confecção dos inventários de saber, e a linguagem dos direitos humanos. É nessas bases metodológicas que nos deteremos a seguir.

NARRATIVAS DO SOFRIMENTO, CIRCUITO DE AFETOS E O ENSINO DE DIREITOS HUMANOS

Cabe frisar, antes de mais nada, que, diante do avanço das pautas ultrarreacionárias e do desmonte da educação, interpõe-se ao educador

[6] Para contemplar essa perspectiva do fomento de novos enunciados é que nos valemos da conversação como metodologia para nos acercarmos, por meio da associação livre, de concepções e formas de lidar com o real dos educandos e suas visões sobre os direitos humanos e outras visões de dignidade humana. Essa metodologia será explicitada mais adiante em nossa explanação.

não só resistir, mas também investir contra essa avalanche de desmandos e exclusões.

Os discursos segregacionistas dessa nova direita baseiam-se na instrumentalização abusiva da principal forma de afeto que circula na sociedade brasileira hoje: o Medo. Tomamos como base para nosso entendimento a concepção defendida por Vladimir Safatle, a partir de sua leitura de Freud e dos frankfurtianos, de que:

> A política é, em sua determinação essencial, um modo de produção de circuitos de afetos, da mesma forma como a clínica, em especial em sua matriz freudiana, procura ser dispositivo de desativação de modos de afecção que sustentam a perpetuação de configurações determinadas de vínculos sociais (SAFATLE, 2016, p. 39).

Por afetos, entendemos o conjunto de atravessamentos e implicações que, inconscientemente, nos são interpostos pelos sentidos nas relações com a alteridade. Segundo Safatle: "Ser afetado é instaurar a vida psíquica através da forma mais elementar de sociabilidade que passa pela *aiesthesis* e que, em sua dimensão mais importante, constrói vínculos inconscientes" (SAFATLE, 2016, p. 38).

Safatle também nos chama a atenção para o fato de que Freud, ao buscar a descrição dos fenômenos sociais a partir do entendimento das dimensões afetivas, intentava compreender como esses afetos eram produzidos e mobilizados para bloquear, as chamadas "expectativas emancipatórias" (SAFATLE, 2016). Assim, pensar a possibilidade de utopias e de novas dimensões de emancipação na contemporaneidade perpassaria pela instauração de uma nova *aiesthesis*[7] e, por conseguinte, pelo estabelecimento de um novo circuito de afetos que permitam aos sujeitos ampliar seu "horizonte de expectativas", a partir de um "novo espaço de experiência" (KOSELLECK, 2012), uma vez que o campo do possível é instituído pelos afetos e por nossa capacidade de, por meio deles, criar nossas identificações e fantasias, para lidar com nossa percepção do real.

---

[7] A palavra grega *aiesthesis* pode ser entendida como "faculdade de sentir" ou "compreensão pelos sentidos. Tem a mesma origem da palavra *aistheticon*, que significa o que sensibiliza, aquilo que afeta os sentidos. Podemos compreender a palavra, no contexto, como uma afetação/interação entre o sujeito e o que está no mundo exterior (COLOMBAROLI, 2020, p. 2).

Partindo da premissa de que o político se inscreve no âmbito da circulação de afetos e de que estes implicam nas percepções acerca das demandas, anseios e valores sociais, evidencia-se a necessidade de repensar o espaço escolar, não só como um lócus de embate ideológico, mas especialmente como um espaço da vivência da dimensão afetiva por meio desamparo, a partir do qual podemos buscar a desativação de identificações e problematizar fantasias constituídas pelos sujeitos para dar conta do seu real, abrindo-se a possibilidade de uma nova relação com a heteronomia e seu reconhecimento.

Para tanto, defendemos a premissa de que, ao contrário do que apregoa o projeto reacionário, a diversidade, os corpos precários e suas demandas devem se inscrever no interior das escolas, para que se efetive uma educação desbarbarizadora e investida de uma perspectiva decolonial. Essa inscrição no espaço da educação e das escolas deve-se dar tanto na performatividade corpórea[8] desses corpos e sujeitos precarizados quanto na mobilização de narrativas de sofrimento e superação (SANTOS, 2014; 2019) que deem conta desses corpos e do sofrimento injusto a que estão submetidos.

Para Santos (2014), as narrativas são a linguagem preponderante das "permutas interculturais", segundo o autor:

> Contar histórias gera um imediato e concreto sentido de copresença por meio do qual as experiências sociais que ocorrem em diferentes tempos, espaços e cultura se tornam mais facilmente acessíveis e inteligíveis, um tipo de copresença que não é possível atingir por meio da linguagem conceitual (SANTOS, 2014, p. 133).

Essa copresença apontada por Santos nos remete ao encontro com o outro, nas suas dores, demandas e, em especial, na dimensão de seu sofrimento. Justamente por que os processos de barbarização se valem

---

[8] Ao nos referirmos à performatividade corpórea, baseamo-nos na releitura feita por Butler (2018) do conceito de performatividade de gênero apresentado no livro *Corpos em aliança e a política das ruas*, que visa abarcar a condição dos corpos precários em sua luta de resistência e de reconhecimento por meio de manifestações e assembleias. A partir dessa releitura, entendemos aqui a performatividade corpórea enquanto atos corpóreos que enunciam, pela sua presença e ação, outras formas de vida, tensionando desse modo as normas e reivindicando sua presença na esfera pública da qual se encontram apartados.

da trivialização das vidas e das mortes dos sujeitos subalternizados no contexto da sociedade capitalista hodierna, é central interpor-se a mobilização de instrumentos como as narrativas de sofrimento e superação, enquanto formas de denúncia do sofrimento injusto e das condições de sua criação e reprodução.

Chamamos de narrativas do sofrimento e superação, no contexto de nossa pesquisa, as estratégias pedagógicas que mobilizem relatos, imagens, e as situações que exponham as circunstâncias de opressão e precariedade, seja no próprio espaço escolar, seja no âmbito social e/ou histórico.

O que nos mobiliza para nos alinharmos a tal perspectiva é o entendimento de que a criticidade, pensada como a capacidade de compreender e avaliar situações que envolvam um alto grau de complexidade – e fator de fundamental importância para a educação em direitos humanos –, não se inscreve apenas na dimensão racional formal, mas é perpassada pelos diferentes atravessamentos afetivos dos sujeitos diante das situações em questão e dos relatos de sofrimentos. Essa razão perpassada pelos diferentes afetos e emoções nos permite falar de uma busca por estabelecer a razão quente, ou seja, de *corazonar* essa razão, conforme apregoam as Epistemologias do Sul, conceituadas por Boaventura de Sousa Santos em seu livro *O fim do império cognitivo: a afirmação das epistemologias do Sul* (2019). Entendemos, com base na leitura de Boaventura, que o processo de *corazonar* a razão perpassa por sentir-pensar as condições de exploração e desumanização, perpetradas pela tríade patriarcado, colonialismo, capitalismo. A partir disso, visa introduzir a dimensão da ação, dando vazão à *justa ira* (FREIRE, 2016), na criação de uma rede de solidariedade e luta entre as diferentes demandas e movimentos de enfrentamento das situações de opressão e sofrimento injusto. Por fim, *corazonar* passa também por criar a própria dimensão da luta, ao esperançar as possibilidades de mudanças por meio do engajamento das vítimas e daqueles que partilham do sentido de suas dores, e se interpõe junto a essas lutas em copresença.

Sendo assim, as narrativas de sofrimento buscam instaurar novas circulações afetivas por meio do fomento dos elementos empáticos e do desamparo, promovendo a aproximação do educando com a experiência do sofrimento e da precariedade. Ainda que tenhamos em vista a impossibilidade de vivenciar a experiência do outro, é inegável a potencialidade dos atravessamentos possíveis junto aos educandos. Ao nos referirmos ao desamparo, baseamo-nos na definição de Safatle:

> o desamparo (*Hilflosigkeit*) tem algo de desabamento das reações possíveis de paralisia sem reação (como no caso da paralisia de terror dos animais) ou mesmo da extrema vulnerabilidade vinda do fato de estar fora de si, mas agora dependendo de um Outro que não sei como me responderá (SAFATLE, 2016, p. 51).

Esse desabamento se abre a partir de uma perspectiva de estranhamento e de despossuição de si promovida pelo outro. É o desamparo que, ao nos inserir em uma situação que foge a nosso campo de experienciação, possibilita-nos a abertura para o outro, permitindo-nos destravar nossa relação com discursos e identificações que guiam nosso julgamento sobre o outro e suas demandas por reconhecimento e acolhimento.

Todavia, tendo em vista a crítica freiriana à obsessão narrativa, à qual ele atribuía ares de enfermidade no âmbito da educação bancária (FREIRE, 2019, p. 79), ao longo das intervenções a serem realizadas, o narrar nunca deve ser pensado enquanto o relatar o alheio e o distante do educando de forma estática, mas justamente o contrário: a narrativa do sofrimento vislumbra implicar os educandos a partir das experiências relatadas e dialogizar junto a suas vivências, refletidas nessas situações de sofrimento e/ou injustiça, além de fazê-lo com base nas percepções acerca da dignidade humana e dos valores mobilizados por estes.

Esses atravessamentos estimulam de forma decisiva a criticidade dos educandos e suas percepções da realidade, em especial a capacidade de reconhecimento da alteridade.

Ações como esta, que instauram novas circulações afetivas e possibilidades de reconhecimento, alinham-se com a perspectiva de Butler de que:

> [...] é apenas por meio de uma abordagem crítica das normas de reconhecimento que podemos começar a desconstruir esses modos mais perversos de lógica que sustentam formas de racismo e antropocentrismo. E é apenas por meio de uma forma insistente de aparecer precisamente quando e onde somos apagados que a esfera da aparência se rompe e se abre de novas maneiras (BUTLER, 2018, p. 44).

As narrativas, por si sós, não dão conta de reverter o atual cenário de tendência segregacionista da sociedade, mas se desenham como um importante meio de sensibilização e promoção de giros discursivos no espaço da educação, preparando o terreno para a viabilidade e performatividade de diferentes formas de vida. E ainda: criam bases para a efetivação do letramento em direitos humanos a partir dessa sensibilização e sua interseção com o cultivo de uma ecologia de saberes (SANTOS, 2013; 2014; 2019) que permitam aos educandos se reconhecerem em outras dimensões de saberes acerca da dignidade humana.

POR UMA ECOLOGIA DOS SABERES NO ENSINO DE DIREITOS HUMANOS

Partindo de minha experiência de quase dez anos trabalhando temas relacionados aos direitos humanos, evidenciou-se, como uma das grandes dificuldades para a efetivação do ensino em direitos humanos, a dificuldade de tornar inteligíveis para os educandos conceitos que se mostram, em um primeiro momento, abstratos e distantes de sua realidade.

A proposta de trabalharmos o tema com base em uma perspectiva das traduções interculturais e em uma hermenêutica diatópica é estabelecer uma ecologia de saberes entre os Direitos humanos e os conceitos de dignidade humana ligados a práticas, valores e concepções religiosas dos educandos (SANTOS, 1997; 2013; 2014; 2019).

Para tanto, é necessário ter em vista que essas diferentes formas de concepção são incompletas e não são universais, o que nos abre a possibilidade de traçarmos limites e pontos de contato entre as diferentes gramáticas.

O trabalho da tradução intercultural encontra-se justamente no exercício de se fazer as aproximações dessas gramáticas. Nesse sentido de aproximações, um dos pontos de contato que exploramos em sala de aula foram as narrativas de sofrimento e libertação de que tratamos na seção anterior.

As narrativas são, segundo Santos (2014, p. 106), a "linguagem privilegiada das permutas interculturais", dessa feita, narrar o sofrimento dos sujeitos e seus corpos, além de suas histórias de libertação, são poderosos instrumentos que não só mobilizam as comunidades religiosas, mas que podem dar concretude às situações de opressão às quais uma concepção contra-hegemônica de direitos humanos busca dar voz.

Constroem-se, a partir desses pontos de contato, verdadeiras pontes a fim de tornar possível pensar a questão com base em duas gramáticas distintas, constituindo-se em uma hermenêutica diatópica e criando uma verdadeira ecologia de saberes em sala de aula (SANTOS, 1997; 2013; 2014; 2019).

A ecologia de saberes busca reinstituir os espaços de outros saberes e concepções que, em nossa proposta, encontram-se nos enunciados trazidos pelos educandos, a fim de constituir novas potências para linguagens de emancipação. No nosso caso, vislumbramos também a constituição de um espaço privilegiado para o contato e a ressignificação dos direitos humanos enquanto linguagem possível para os educandos. Nesse sentido, o letramento a que nos remetemos acima, dá-se como uma sensibilização, apropriação e ressignificação dos direitos humanos por esses jovens.

É evidente que esses diálogos não se dão sem conflitos e que a posição dos educandos está mais ou menos aberta a esse tipo de diálogo, conforme estes os relerem refletidos em sua vida, na prática e no contato com suas acepções ligadas a seus valores e visões de mundo. Essa prática dialógica, porém, apresenta-se como uma promissora abordagem para tornar inteligível e, mais do que isso, mobilizável a gramática contra-hegemônica dos direitos humanos para, em conjunto com as concepções prévias dos alunos sobre dignidade humana, dar-lhes outros subsídios às suas lutas por reconhecimento e anseios de emancipação.

CONCLUSÃO

Neste capítulo, procuramos compreender o papel de repensarmos a educação em direitos humanos, em um contexto de barbárie e vidas ameaçadas, a partir de uma abordagem metodológica que alinhasse o letramento em direitos humanos, aqui entendido enquanto apropriação e constituição de sentido dado pelos educandos à linguagem dos direitos humanos. A visão contra-hegemônica desses direitos, contemplada pela mobilização das narrativas de sofrimento e superação e da ecologia de saberes, contribui na construção de formas de intervenção e reflexão, bem como de uma perspectiva de letramento que possibilite a constituição da emancipação dos sujeitos e sua atuação cidadã.

REFERÊNCIAS

ADORNO, Theodore. *Educação e emancipação*. São Paulo: Paz e Terra, 2020.

ARROYO, Miguel. *Vidas ameaçadas*: exigências-respostas éticas da educação e da docência. Petrópolis: Vozes, 2019.

BAKHTIN, Mikhail. Os gêneros do discurso. In: ______. *Estética da criação verbal*. Trad. Paulo Bezerra. 4. ed. São Paulo: Martins Fontes, 2003.

BAUMAN, Zygmmunt; DONSKIS, Leonidas. *Cegueira moral*: a perda da sensibilidade na modernidade líquida. Rio de Janeiro: Zahar, 2013.

BUTLER, Judith. *Corpos em aliança e a política das ruas*: notas para uma teoria performativa da assembleia, Rio de Janeiro: Civilização Brasileira, 2018.

COLOMBAROLI, Ana C. Morais. Medo e apoio ao autoritarismo na contemporaneidade. *Revista Internacional Interdisciplinar INTERthesis*, Florianópolis, v. 17, p. 1-18, jan. 2020. Disponível em: https://periodicos.ufsc.br/index.php/interthesis/article/view/1807-1384.2020.e61236. Acesso em: 6 out. 2021.

COSSON, Rildo. *Letramento político no legislativo*: a experiência do programa Estágio-Visita. Tese (Doutorado em Educação) – Faculdade de Educação, Universidade Federal de Minas Gerais, Belo Horizonte, 2015.

ESTÊVÃO, Carlos V. *Direitos humanos, justiça e educação*: uma análise crítica das suas relações complexas em tempos anormais. Ijuí: Ed. Unijui, 2015.

FREIRE, Paulo. *Pedagogia da esperança*: um reencontro com a pedagogia do oprimido. 23. ed. Rio de Janeiro: Paz e Terra, 2016.

FREIRE, Paulo. *Pedagogia do oprimido*, São Paulo: Paz e Terra, 2019.

NANÔ, João Paulo L. *Da barbárie ao encontro*: os desafios de repensar a educação em direitos humanos em tempos de pandemia. Dissertação (Mestrado em Educação e Docência) – Faculdade de Educação, Universidade Federal de Minas Gerais. Belo Horizonte, 2021

KOSELLECK, Reinhart. *Futuro passado*: contribuições à semântica do tempo. Rio de Janeiro: Contraponto, 2012.

OLIVEIRA, Cristiane Fontes; LIMA, Eliana Freitas de. Análise de uma experiência de letramento na perspectiva da educação em direitos humanos. *Revista do Centro de Educação*, [UFSM], v. 40, n. 2, p. 333-346, maio/ago. 2015.

SAFATLE, Vladimir. *O circuito dos afetos*: corpos políticos, desamparo e o fim do indivíduo. São Paulo: Autêntica, 2016.

SANTOS, Boaventura de Sousa; MARTINS, Bruno Sena (Org.). *O pluriverso dos direitos humanos*: a diversidade das lutas pela dignidade. Belo Horizonte: Autêntica, 2019.

SANTOS, Boaventura de Souza. Direitos humanos, democracia e desenvolvimento. *In*: SANTOS, Boaventura de Sousa; MARTINS, Bruno Sena (Org.). *O pluriverso dos direitos humanos*: a diversidade das lutas pela dignidade. Belo Horizonte: Autêntica, 2019.

SANTOS, Boaventura de Souza. *O fim do império cognitivo*: a afirmação das epistemologias do Sul. Belo Horizonte: Autêntica, 2019.

SANTOS, Boaventura de Souza. *Renovar a teoria crítica e reinventar a emancipação social.* São Paulo: Boitempo, 2007.

SANTOS, Boaventura de Souza. *Se deus fosse um ativista dos direitos humanos.* São Paulo: Cortez, 2014.

SANTOS, Boaventura de Souza. Uma concepção multicultural de direitos humanos. *Lua Nova*, São Paulo, n. 39, p. 105-124, 1997. Disponível em: http://www.scielo.br/scielo.php?script=sci_arttext&pid=S0102-64451997000100007&lng=en&nrm=iso. Acesso em: 7 maio 2021.

SANTOS, Boaventura de Souza; CHAUI, Marilena. *Direitos humanos, democracia e desenvolvimento.* São Paulo: Cortez, 2013.

SOARES, Magda. *Letramento*: um tema em três gêneros. Belo Horizonte: Autêntica, 1998.

STREET, Brian; STREET, Joanna. A escolarização do letramento. In: ______. *Letramentos sociais*: abordagens críticas do letramento no desenvolvimento, na etnografia e na educação. Trad. Marcos Bagno. São Paulo: Parábola Editorial, 2014.

ALFABETIZAÇÃO E LETRAMENTO NA EDUCAÇÃO INCLUSIVA

Luciana Freitas
Lúcia Gomes

INTRODUÇÃO

O Plano Nacional de Educação Especial, na perspectiva da educação inclusiva, propõe uma educação para todos e todas. Essa perspectiva orienta ações para que a escola seja um espaço de apropriação do conhecimento e todos os estudantes tenham acesso e permanência a essa escola e se sintam pertencentes a ela.

Consideramos a escola um espaço de trocas de experiências e construção do saber. As leituras e escritas, na escola, devem ser vistas como possibilidades de contribuir para o letramento do sujeito e suas concepções de mundo, de acordo com o contexto em que está inserido.

Este artigo tem como objetivo apresentar ideias e concepções sobre a educação inclusiva, conforme o referencial teórico que nos dá embasamento para as nossas discussões acerca das reflexões teórico-práticas no ensino da leitura e escrita na alfabetização e no letramento. Nesse sentido, abordamos a acessibilidade na leitura e escrita como contribuição para a formação de leitores e escritores.

EDUCAÇÃO INCLUSIVA: O QUE ELES(AS) PENSAM SOBRE ISSO?

Nesta seção, queremos trazer algumas ideias e concepções de autores que dialogam com o nosso olhar sobre a educação inclusiva.

> Tudo começa no acesso à escola. Estamos, de fato, bem longe ainda do que é o papel da escola: dar guarida a quem chega como um anônimo, mas que tem garantido um lugar, nesse lugar. Porque a hospitalidade, como nos ensinou Derrida (2003), *se dá ao outro,*

> *antes que o outro se identifique, antes mesmo que ele seja (posto ou suposto como tal) um sujeito de direito...* Aquele que chega tem necessidades, precisa ser ouvido no que deseja, espera ser atendido no que lhe falta para prosseguir na sua caminhada (MANTOAN, 2018, p. 1, grifos nossos).

Uma escola hospitaleira, no sentido de acolher a todos sem distinção, oferecendo oportunidades e possibilidades de ensino e aprendizagem que promovam o acesso ao conhecimento. Favorecer o estar e permanecer na escola, o sentir-se pertencente a ela é dever daqueles que promovem a educação: governo, sociedade, família e profissionais da área. É de grande importância ver o sujeito e aceitá-lo em suas diferenças, sejam sociais, econômicas, físicas e emocionais.

A autora bell hooks inspira-nos a fazer da sala de aula uma entusiasmada comunidade de aprendizado (HOOKS, 2013, p. 19). Assim, nenhum estudante deveria ser silenciado ou invisibilizado, todos devem ser protagonistas da sua história escolar e participantes da construção de uma sociedade crítica, menos injusta e menos indiferente ao outro e aos desejos dele.

A escola deverá ser um espaço de várias formas de ensinar e aprender. Para que esse processo seja prazeroso, "é preciso empreender novas pedagogias, que propiciem a descolonização dos currículos, dos saberes e também nossas mentes" (SANTOS, 2018, p. 25).

Na escola inclusiva, a pergunta é: qual escola queremos ter? A escola que queremos é uma escola em que as pessoas estejam atentas umas às outras e que não haja diferenciação no tratamento e comportamento diante de qualquer pessoa que esteja nesse espaço, seja professor, estudante, familiares ou funcionários, sendo todos pertencentes a esse lugar.

"– Professora! Machado de Assis era negro?" Quando o estudante questiona sobre a nacionalidade ou raça de algum autor de textos e livros sobre qualquer conteúdo a ser aprendido, vê-se representado naquela pessoa – homem, mulher, negro, branco, trans, ou com alguma deficiência física ou intelectual –, que possui características que não se sobrepõem ao que ela realmente é. Existe um propósito quando o professor ensina um conteúdo, mas ele não consegue dimensionar o que o estudante fará com o que lhe foi transmitido, qual será a reflexão sobre o assunto discutido em sala com seus colegas e professores.

O Ensino deverá ser pela curiosidade, pela autonomia e investigação durante o processo de ensino e aprendizagem. *Uma educação viva e participativa, que nos possibilita outras formas de ver a vida e o mundo.*

> Incentivar o desenvolvimento das potencialidades pessoais de cada aluno, englobando perspectivas intelectuais, emocionais, sociais, físicas, artísticas, criativas e espirituais, sempre desenvolvendo o indivíduo de forma ativa em suas aprendizagens a fim de promover o equilíbrio interior. Isso se dá a partir de uma visão em que o aluno é um ser que possui múltiplas dimensões e que pode integrá-las em harmonia para sentir paz e ser um cidadão completo (ROCHA; FLORES; MARQUES, 2015, p. 406).

Nesse sentido, os autores trazem-nos a importância de ver o sujeito como ele é, em suas perspectivas e múltiplas dimensões, permitindo a ele se posicionar de acordo com a criticidade e leitura de mundo. Com isso, veremos um cidadão completo nos seus desejos, anseios, deveres, direitos e ações na sociedade.

Ainda assim Mantoan (2000) nos diz que

> Inovar não tem necessariamente o sentido do inusitado. As grandes inovações são, muitas vezes, a concretização do óbvio, do simples, do que é possível fazer, mas que precisa ser desvelado, para que possa ser compreendido por todos e aceito sem muitas resistências, senão aquelas que dão brilho e vigor ao debate das novidades (MANTOAN, 2000, p.3).

No contexto educacional, podemos, às vezes, sentir que devemos trazer algo tão poderoso e inovador para o estudante, mas também podemos refletir que talvez não seja a falta de inovação e sim a ação sobre o ensino que promove e possibilita ao estudante o aprendizado e a autonomia do saber.

ALFABETIZAR E LETRAR: REFLEXÕES TEÓRICO-PRÁTICAS NO ENSINO DA LEITURA E ESCRITA

Nas reflexões teórico-práticas na alfabetização e no letramento de todos(as) os(as) estudantes, é importante trazer outras questões que permeiam a educação numa escola inclusiva, pois

> A escola não é a única instituição responsável pelo letramento tendo em vista que também se aprende a ler e escrever em instâncias não escolares (SOARES, 2004, p. 94).

> [...] a escola, em sua singularidade, contém em si a presença da sociedade como um todo. A sociedade produz a escola, que produz a sociedade (MORIN, 2001, p. 100).

Ao falarmos sobre Alfabetização e Letramento, não podemos deixar de conceituar esses dois termos. Em *Letramento: um tema em três gêneros*, Soares (2003) esclarece que essas palavras foram usadas ao longo dos anos com diferentes objetivos. A autora conceitua-as mostrando-nos que já estamos familiarizados com a palavra alfabetização e que letramento é ainda um assunto novo nas práticas educacionais. Portanto, define que analfabeto é aquele que não conhece o alfabeto, que não sabe ler e escrever, e alfabetização é a ação de alfabetizar, de tornar "alfabeto" (SOARES, 2003, p. 30-31). Quanto ao letramento, Soares (2015) ainda diz:

> é o desenvolvimento das habilidades que possibilitam ler e escrever de forma adequada e eficiente, nas diversas situações pessoais, sociais e escolares em que precisamos ou queremos ler ou escrever diferentes gêneros e tipos de textos, em diferentes suportes, para diferentes objetivos, em interação com diferentes interlocutores, para diferentes funções.[1]

Soares acredita que alfabetização e letramento são processos indissociáveis no ensino e aprendizagem das primeiras letras para o aluno. Não seria correto dissociar essas duas concepções chamando a atenção para as práticas sociais, e conclui que "letramento é o estado ou condição de quem se envolve nas numerosas e variadas práticas sociais de leitura e escrita" (SOARES, 2009, p. 44).

Diante disso, podemos inferir que a condição para ser letrado não é inerente ao processo de alfabetização, pois o indivíduo, antes mesmo de ler e escrever, está em contato com vários portadores de leitura e escrita – como revistas, jornais, livros, rótulos e embalagens –, que

[1] Disponível em: http://www.ceale.fae.ufmg.br/app/webroot/glossarioceale/verbetes/letramento. Acesso em: 17 jun. 2021.

apresentam conteúdos de acordo com a sua função social. Isso mostra que o sujeito poderá ser, ao mesmo tempo, analfabeto e letrado, como também alfabetizado e iletrado.

Para Soares (2009), é importante destacar novamente que os conceitos são confundidos, mas que merecem atenção, pois são processos que se complementam e não se separam. Não se pode negar o processo árduo da tecnologia do ler e escrever. Codificar e decodificar palavras também são inerentes à construção de um leitor e escritor – apenas não podemos dissociar essas duas práticas.

As práticas de letramento e alfabetização devem levar o estudante a ler, produzir e refletir sobre os textos que circulam nas diferentes classes sociais, nas trocas de saberes (FREITAS, 2018).

É preciso considerar outras formas de leitura e escrita, propor referenciais que contemplem todos(as) os(as) estudantes na sua singularidade.

> O fato de passar a ter contato com a língua portuguesa trazendo conceitos adquiridos na sua própria língua possibilitará um processo muito mais significativo. A leitura e a escrita podem passar a ter outro significado social se as crianças surdas se apropriarem da leitura e da escrita de sinais, isso potencializará a aquisição da leitura e da escrita do português (QUADROS, 2005, p. 33).

A citação acima está relacionada à educação bilíngue de estudantes surdos, que têm como direito ser usuários de duas línguas distintas, de acordo com o Decreto nº 5.626/2005, que regulamentou a Lei nº 10.436/2002, cujo artigo 1º reconhece a Língua Brasileira de Sinais (Libras), e outros recursos de expressão a ela associados, como meio legal de comunicação e expressão das pessoas surdas. Esse Decreto garante às pessoas com surdez serem usuárias de duas línguas distintas: Libras, como primeira língua (L1); e Português, como segunda língua (L2), na modalidade escrita. Os(as) estudantes surdos(as) no meio educacional têm direito ao ensino nessas duas línguas.

Sendo assim, é de grande importância pensarmos na Alfabetização e no Letramento que perpassam pela necessidade e pelo direito de uso das duas línguas no contexto educacional brasileiro. Existem outras situações de Alfabetização e Letramento que envolvem outras necessidades, e é importante que o professor esteja atento a essas necessidades e contemple os(as) estudantes com estratégias e escolhas que promovam efetivamente a inclusão de todos(as) no processo de desenvolvimento da leitura e escrita.

Sobre as necessidades de representatividade e acessibilidade na escolarização dos(as) estudantes, falaremos na próxima seção.

ACESSIBILIDADE NA LEITURA E ESCRITA: CONTRIBUIÇÕES PARA A FORMAÇÃO DE LEITORES E ESCRITORES

Apresentaremos, nesta seção, algumas contribuições para a formação de leitores e escritores, com garantia de acessibilidade na leitura e escrita.

Para Paganelli (2017), "Uma comunidade escolar inclusiva é aquela que valoriza todos os seus alunos igualmente e responde às suas necessidades individuais".

Nesse sentido, é preciso pensar como a escola provoca o desenvolvimento cognitivo, afetivo, psíquico, neurobiológico de todas as crianças e quais subsídios teóricos se desdobram para as práticas pedagógicas.

Para Rabelo e Passos:

> [...] não é suficiente ter todo o aparato biológico da espécie para realizar uma tarefa se o indivíduo não participa de ambientes e práticas específicas que propiciem esta aprendizagem. Não podemos pensar que a criança vai se desenvolver com o tempo, pois esta não tem, por si só, instrumentos para percorrer sozinha o caminho do desenvolvimento, que dependerá das suas aprendizagens mediante as experiências a que foi exposta (RABELLO; PASSOS, 2011).

As experiências vivenciadas pelo(a) estudante em um espaço cultural, "a escola", trazem dinâmicas sociais para ela de: horários, rotinas, conteúdos escolares, combinados; regras e normas; uma diversidade de sujeitos, diferentes, que trazem, em seu cotidiano, situações de conflito ou de violência, as quais, na maioria das vezes, não estão nas discussões do currículo.

Esse espaço coletivo é diverso e imprime maneiras de ser e de se comportar, mas exige uma discussão ampliada e reflexiva: quem são esses sujeitos que chegam à sala de aula? Qual é sua etnia, gênero, religião, nacionalidade, cultura, língua? Quais linguagens e aprendizagens possui? Quais são as suas condições socioeconômicas? E suas alegrias e tristezas? Quais são as suas preferências? Quais são as barreiras que esses aprendizes enfrentam na sala de aula e na escola?

Como a escola dialoga com essa diversidade de vivências e experiências? Na maioria das vezes, não consideramos as narrativas desses sujeitos, seus relatos jornalísticos sobre sua comunidade ou território, seu domínio sobre o conto da avó, ou suas façanhas nas periferias na venda do picolé, a propaganda feita por ele ou ela, ou seus relatos pautados em dias e horas, em linguagem de um diário. Outras vezes, são palavras guardadas em outros momentos, não na sala de aula, não no momento da alfabetização; não no momento da produção do texto. *Agora vamos produzir um texto... Abram o caderno!* Texto que pressupõe uma ordenação de pensamento, uma linguagem formal, e não coloquial.

> Todas as experiências vividas na escola ganharão significado quando articuladas ao processo global de desenvolvimento do indivíduo e não concebidas como um aglomerado de experiências independentes, vividas exclusivamente no âmbito escolar (LIMA, 1997, p. 2).

Segundo Paulo Freire, a leitura do mundo precede a leitura da palavra. Nas relações, construímos o sentido dos textos, enquanto aquilo que nos introduz no mundo simbólico. Nesse sentido, "O ouvinte, não é um mero recebedor de uma mensagem enviada pelo emissor, mas um ouvinte que produz sentido, na atividade interpretativa" (VAL; VIEIRA, 2005, p. 24).

A leitura e a escrita, como um processo discursivo, trazem algumas considerações que modificam o engajamento do sujeito com o mundo que o cerca. Assim, não podemos deixar de tecer que a escola tem um papel fundamental de trazer para essa criança esta outra estrutura discursiva que é a norma culta. Mas a criança, quando entra para a escola, traz uma linguagem que é de sua comunidade, de sua família, de sua cultura, uma posição social que muitas vezes não é considerada, e levam-se essas variáveis ao preconceito. Diante disso, a criança ou adolescente se cala frequentemente, e não se torna protagonista de sua escrita ou de sua fala. As palavras calam-se.

Para Charlot (2000, p. 129), "O que se diz numa língua é também uma certa maneira de viver, de entender o mundo, de relacionar-se com os outros e consigo mesmo". A linguagem, nesse contexto, traz o diálogo entre sujeitos. Nossa relação com o mundo se dá por meio das palavras, que nos ressignificam como sujeitos, produtores de textos. Quem escreve, escreve para alguém. Mas nem sempre temos algo a dizer. De que lugar esse sujeito diz? E como esse sujeito diz?

Há várias formas de dizer: as expressões, os gestos, o piscar de olhos, o balançar a cabeça, o silêncio. Mas ainda insistimos em respostas padronizadas, em que a fala e a escrita não abrem a discussão para outras formas de fazer, sem considerar as maneiras de ser. Esses sujeitos inseridos na escola carregam um novo diálogo ético, as diferenças fazem parte da condição humana, ainda assim insistimos em padronizar a linguagem, como se fosse possível capturar toda a experiência de um sujeito. A escrita e a leitura passam a ser para poucos. A normatização da sociedade, calcada em definições de escritores e leitores, desconsidera as maneiras de produzir sentidos.

E O QUE É ACESSIBILIDADE NO CONTEXTO DA ALFABETIZAÇÃO?

Como falar de acessibilidade sem citar esses sujeitos que nos provocam reflexões sobre a nossa prática pedagógica? A acessibilidade constitui-se nesse lugar de relação e interação, na experiência desse encontro de aprender a aprender, em que a acessibilidade é um processo que se faz na construção desses dois sujeitos: professor(a) e o(a) estudante.

O trabalho com o(a) estudante no processo de alfabetização se faz pelo viés de uma atividade social, pela construção de algo que é mais que um "texto", é uma interação comunicativa, é um discurso. É a situação comunicativa que se instaura na mediação da linguagem e da cultura.

Na cultura, nomeamos, classificamos, categorizamos, trazemos o sentido das coisas. E é pela linguagem que simbolizamos. Comunicamo-nos com o outro, interagimos ou não com esse outro, em um espaço de interlocução com aquele que nos provoca o pensamento, nossos afetos, incertezas ou conflitos.

Para Vygotsky, citado por (OLIVEIRA,1992, p.80), "a cultura não é um sistema em que o indivíduo se submete, mas é como um 'palco de negociações"', em que os membros estão num constante movimento de recriação e reinterpretação de informações, conceitos e significados.

Não há acessibilidade se colocamos barreiras nas maneiras de agir, pensar e se comunicar desses sujeitos aprendizes. Se estabelecermos formas para o fazer do(a) estudante, sem considerar sua capacidade cognitiva, afetiva, social, estaremos mais uma vez nos perguntando: por que esse(a) estudante não aprende?

Esse processo de construção da leitura e da escrita precisa ser muito bem cuidado pela escola, porque, em sua totalidade, passa por uma interlocução intersubjetiva, em que o sujeito que aprende a ler e a escrever precisa estar imerso nesse espaço cultural, social e afetivo, que integra essas experiências de aprendizagem.

ENTÃO, COMO TORNAR A LEITURA E A ESCRITA ACESSÍVEIS PARA TODOS(AS)?

Reportamos, novamente, a Paulo Freire, quando escutamos o que o(a) estudante traz – a sua leitura do mundo –, para que este possa ser protagonista de sua história e, assim, escrever histórias, produzir textos, escritos por ele(a), na sua capacidade de reinventar o mundo.

> Falar e escrever é também fazer e ser, pode-se entender que falando e escrevendo trata-se igualmente de mudar o mundo e de mudar-se, notadamente de diminuir as desigualdades sociais entre os que falam dentro do mundo e os que falam sobre o mundo (CHARLOT, 2000, p. 133).

Para Koch (2006), o fato de não haver interação entre os atores na construção do texto inviabiliza o sentido deste e ocasiona a inadequação de seu uso em sala de aula.

A inclusão de todos(as) os(as) estudantes na discussão da leitura e da escrita traz um novo viés da acessibilidade, uma vez que aprendemos com os outros e construímos, em um trabalho colaborativo, o conhecimento, sendo assim, desenvolvemos a acessibilidade para todos(as).

A singularidade de cada um(a) e a capacidade de aprender a aprender implicam desafios cognitivos e metacognitivos na educação. Para sanar as barreiras da complexidade de ler e escrever, os(as) estudantes devem estar incluídos(as) no processo de aprendizagem. Processo esse que fica acessível, se considerarmos as possibilidades e potencialidades de cada estudante na sala de aula.

A acessibilidade propõe, ao ser debatida com a turma, uma discussão das várias formas de aprender e responder perguntas, sejam elas de leitura ou de escrita. Para tornar a leitura acessível, é necessário conhecer como cada criança vê essa imagem, e, se há alguma que não a vê, devemos descrever para ela essa imagem, ou discutir com a turma qual é a função dessa imagem na leitura do livro ou da história. Tornar acessível é possibilitar que cada expressão ou gesto seja compreendido por todos, na maneira singular de o colega comunicar o que sabe ou o que quer aprender.

As práticas pedagógicas serão também, nessa incursão de saberes diferentes, a possibilidade de viabilizar a acessibilidade da leitura e da escrita, com novas maneiras de desenvolver o trabalho com os estudantes, seja ao compreender como cada um responde à proposta de trabalho, seja ao saber de qual estratégia ou recurso os estudantes necessitam.

Alguns autores abordam que é pelas memórias que vamos adquirindo conhecimento, e, com certeza, as memórias afetivas permeiam toda a nossa vida de lembranças da escola. É por meio dessas aprendizagens, dessas experiências vivenciadas nesse espaço cultural que é a escola, que vamos nos constituindo como sujeitos alfabetizados e letrados, conscientes de nós mesmos, protagonistas da história, que está com certeza implicada em outras histórias.

CONSIDERAÇÕES

O processo de ensino deverá ser planejado e desenvolvido a partir da imprevisibilidade das relações humanas, da capacidade de diferenciação do sujeito em relação a si mesmo e não ao outro, da diferença de todos e não de alguns (LANUTTI; MANTOAN, 2018).

Planejar o ensino de conteúdos atendendo às especificidades de cada um, com garantia de acessibilidade, requer do(a) professor(a) decisões que ofereçam atividades e recursos diversificados em diferentes níveis de complexidade, utilizando material que possibilite usos em diferentes vias de representação visual, modos de expressão e contextualização no processo pedagógico (BELO HORIZONTE, 2015).

Sendo assim, as atividades devem considerar a diversidade de respostas, que poderá fazer o(a) professor(a) reavaliar quais seriam as estratégias pedagógicas que possam acessar os diferentes sujeitos e sua singularidade diante da leitura e da escrita. Como nos ensinou Derrida (2003), dá-se ao outro antes que o outro se identifique, antes mesmo que ele seja (posto ou suposto como tal) um sujeito de direito. Aquele que chega tem necessidades, precisa ser ouvido no que deseja, espera ser atendido no que lhe falta para prosseguir na sua caminhada (MANTOAN, 2018, p. 1).

Isso posto, é preciso levar em conta a flexibilidade do tempo, respeitando as diferentes maneiras de ensino e aprendizagens e a diversidade de recursos e estratégias que contribuem para cada estudante ressignificar as palavras, por meio da leitura de mundo.

REFERÊNCIAS

BELO HORIZONTE. Secretaria Municipal de Educação – SMED. *Orientações sobre Processos de Avaliação no Ensino Fundamental da Rede Municipal de Educação de Belo Horizonte.* Belo Horizonte: Secretaria Municipal de Educação, 2015.

BRASIL. *Decreto-Lei nº 5.626/2005.* Regulamenta a Lei nº 10.436, de 24 de abril de 2002, que dispõe sobre a Língua Brasileira de Sinais - LIBRAS, e o art. 18 da Lei nº 10.098, de 19 de dezembro de 2000. Disponível em: http://www.planalto.gov.br/ccivil_03/_ato2004- 2006/2005/decreto/d5626.htm. Acesso em: set. 2022.

CARNEIRO LIMA, Bruno (Org.). *Linguagem e ensino*: realidades que se intercruzam. São Paulo: Paulinas, 2012. (Coleção Educação em foco).

Charlot, B. (2000). Práticas linguageiras e fracasso escolar. Estilos Da Clínica, 5(9), 124-133.https://doi.org/10.11606/issn.1981-1624.v5i9p124-133

DELEUZE, Gilles. *Diferença e repetição.* 2. ed. Rio de Janeiro: Graal, 2006.

FRADE, Isabel Cristina da Silva; SILVA, Ceris Salete Ribas da. *A organização do trabalho de* alfabetização *na escola e na sala de aula.* Belo Horizonte: Ceale/FaE/UFMG, 2005. (Coleção Alfabetização e Letramento).

FREITAS, Luciana Aparecida Guimarães de. *A multimodalidade no ensino de Língua Portuguesa para alunos surdos nos anos iniciais*: uma proposta de material didático. 2018. Dissertação (Mestrado em Estudos de Linguagens). Centro Federal de Educação Tecnológica de Minas Gerais (CEFET-MG), Belo Horizonte, 2018.

KOCH, Ingedore G. Villaça. *Desvendando os segredos do texto*. 5. ed. São Paulo: Cortez, 2006.

HOOKS, Bell. Ensinando a transgredir: educação como prática da liberdade. São Paulo: WMF Martins Fontes, 2013.

LANUTTI, José Eduardo de Oliveira Evangelista; MANTOAN, Maria Teresa Eglér. Ressignificar o ensino e a aprendizagem a partir da filosofia da diferença. *Polyphōnía. Revista de Educación Inclusiva*, v. 2, n. 1, p. 119-129, 2018.

LIMA, Elvira Souza. *Desenvolvimento e aprendizagem na escola*: aspectos culturais, neurológicos e psicológicos. São Paulo: GEDH – Grupo de Estudos do Desenvolvimento Humano, 1997.

MANTOAN, Maria Teresa Égler.Educação para todos: desafios, ações, perspectivas da inclusão nas escolas brasileiras. Rev. online Bibl. Prof. Joel Martins, Campinas, SP, v.1, n.3, jun. 2000

MANTOAN, Maria Teresa Eglér. Uma escola hospitaleira. *Revista Pátio Ensino Fundamental*, n. 87, ago.-out. 2018.

Morin, Edgar. Os sete saberes necessários à educação no futuro. São Paulo: UNESCO. 2001.

PAGANELLI, Raquel. Flexibilizações vs. adaptações curriculares: como incluir alunos com deficiência intelectual. Instituto Rodrigo Mendes: Diversa Educação Inclusiva na prática.2017. Disponível em https://diversa.org.br/artigos/flexibilizacoes-adaptacoes-curriculares-como-incluir-alunos-deficiencia-intelectual. Acesso em 20 de junho/2021.

OLIVEIRA, Marco Antônio de. Conhecimento linguístico e apropriação do sistema de escrita. Belo Horizonte: CEALE/FAE/UFMG, 2005. (Alfabetização e Letramento).

OLIVEIRA, M.K. Vygotsky:aprendizado e desenvolvimento - um processo sócio-histórico.4ª edição. São Paulo: Editora Scipione, 1992.

QUADROS, Ronice Muller. *O "bi" em bilinguismo na educação dos surdos*. Surdez e bilinguismo. Porto Alegre: Mediação. v. 1, 2005.

RABELLO, Elaine; Passos, José. SILVEIRA. Vygotsky e o desenvolvimento humano. 2011. Disponível em: http://www.josesilveira.com/artigos/vygotsky.pdf. Acesso em: set. 2022.

ROCHA, Mariana Duarte; FLORES, José Francisco; MARQUES, Luciana Fernandes. Fundamento da meditação no ensino básico: transdisciplinaridade holística e educação integral. Terceiro Incluído, NUPEAT - IESA -UFG, v.5, n.2, p.398-413, jul./dez 2015.

SANTOS, Luana Tolentino. Outra educação é possível: feminismo, antirracismo e inclusão na sala de aula. Belo Horizonte. Mazza Edições, 2018.

SOARES, Magda. Letramento. *In*: GLOSSÁRIO CEALE – Termos de alfabetização, leitura e escrita para educadores. Belo Horizonte: CEALE/FAE/UFMG, 2015. Disponível em: http://www.ceale.fae.ufmg.br/app/webroot/glossarioceale/verbetes/letramento. Acesso em: set. 2022.

SOARES, Magda. *Letramento*: um tema em três gêneros. 3. ed. Belo Horizonte: Autêntica, 2003.

SOARES, Magda. *Letramento: um tema em três gêneros.* São Paulo: Autêntica 2004.

SOARES, Magda. *Letramento*: um tema em três gêneros. Belo Horizonte: Autêntica, 2009.

VAL, Maria das Graças Costa; VIEIRA, Martha Lourenço. *Língua, Texto e interação*: caderno do professor. Belo Horizonte: Ceale/FaE/UFMG, 2005. (Coleção Alfabetização e Letramento).

GÊNERO E CURRÍCULO: O MOVIMENTO DAS DIFERENÇAS NO TERRITÓRIO DA ESCOLA

Cláudio Eduardo Resende Alves
Rebeca Cristina Lloyd

PARA INÍCIO DE CONVERSA

> Onde a gente morava era um lugar imensamente e sem nomeação. Ali a gente brincava de brincar com palavras [...] Pai achava que a gente queria desver o mundo para encontrar nas palavras novas coisas de ver. Eu hoje vi um sapo com olhar de árvore. Então era preciso desver o mundo para sair daquele lugar imensamente e sem lado. A gente gostava das palavras quando elas perturbavam o sentido normal das ideias (BARROS, 2015, p. 141).

Escrever sobre gênero, currículo e diferenças na escola requer uma escolha acertada das palavras e, de alguma forma, uma primazia na ordem das ideias. Entretanto, não podemos esquecer da liberdade de pensar, da fluidez dos desejos, da potência dos afetos que "perturbam o sentido normal das ideias" e do ato de "brincar com as palavras" (BARROS, 2015, p. 141).

A partir do convite do poeta Manoel de Barros, neste texto, propomos romper com os preconceitos, as normas rígidas e os enquadramentos (BUTLER, 2016, p. 23) que cerceiam uma educação para as relações de gênero nas escolas. Vamos "desver o mundo" (BARROS, 2015, p. 141), reconhecer as diferenças entre as pessoas e conviver com o outro que pensa e age diferentemente de mim. A diferença é bem-vinda e necessária no complexo processo de aprendizagem dentro e fora da escola. Vamos juntas(os) buscar "novas coisas de ver" (BARROS, 2015, p. 141).

Este é um convite às(aos) educadoras(es) e profissionais de áreas afins a ampliar a visão de mundo e a (re)pensar a diversidade de formas de existir presentes nos currículos escolares.

Pela ótica de diferentes autoras(es) e correntes teóricas pós-críticas de gênero e currículo, discutimos alguns conceitos que podem contribuir com a prática pedagógica por abarcarem temáticas delicadas, polêmicas e importantes. Além disso, o texto apresenta e problematiza duas políticas públicas da Rede Municipal de Educação de Belo Horizonte - o Nome Social e a Dignidade Menstrual -, com a intencionalidade pedagógica de produzir conhecimento e momentos coletivos de reflexão crítica no enfrentamento das múltiplas discriminações na escola.

PORQUE SOMOS DIFERENTES

As diferenças estão presentes entre estudantes, entre docentes e entre os inúmeros "modelos" de família que compõem a comunidade escolar. Se somos diferentes entre nós, por que há tantos conflitos na escola? Não existe uma resposta unívoca para essa questão retórica. Conviver com a diferença é um exercício diário e necessário nas relações humanas. Nessa direção, há que se entender a diferença entre conflito e confronto. Segundo Birnbaum (1995), no conflito, os sujeitos estão dispostos a defender seus pontos de vista, mas sempre com a intenção de preservar a continuidade das construções sobre alguma temática em questão. Já no confronto existe sempre o componente hostil, em que as pessoas se opõem no plano pessoal.

Birnbaum (1995) ainda nos aponta que o conceito de conflito ocupa quase sempre um lugar essencial. Nesse sentido, podemos compreender que conflito não é um termo negativo, um conflito contrapõe ideias e pontos de vista, podendo se tornar uma potente estratégia educativa de debate. Pedagogicamente, um conflito não pode ser tomado como sinônimo de violência, briga ou embate, pois a partir dele podem ser produzidas alianças entre as diferenças.

O não reconhecimento das diferenças no ambiente escolar pode levar a vivências de várias situações de violência nesse ambiente. Em seu texto "*Da Violência*", Hannah Arendt (1985) afirma que a violência se distingue por seu caráter instrumental e "está próxima do vigor, uma vez que os instrumentos da violência, como os demais, são concebidos e usados para o propósito da multiplicação do vigor natural até que, no último estágio de desenvolvimento, possam substituí-lo" (1985, p. 25). Assim, para Arendt, o poder pertence ao grupo e só existe na medida em que o grupo está unido. A força na linguagem comum caracteriza a violência, mas a mesma força pode indicar que possuímos o vigor de transformar realidades e situações violentas, numa perspectiva de incluir todos os corpos que perpassam os espaços escolares.

A filósofa estadunidense Judith Butler (2018) propõe pensar nossos corpos em alianças na perspectiva do reconhecimento das diferenças. Para a autora, "o reconhecimento é importante porque se dizemos acreditar que todos os sujeitos humanos merecem igual reconhecimento, presumimos que todos os sujeitos humanos são igualmente reconhecíveis" (2018, p. 42). Porém, sabemos que nem todos os sujeitos humanos são passíveis de reconhecimento da mesma forma, aquelas(es) que não se enquadram no modelo socialmente aceito – branco, heterossexual, cristão, jovem, classe média – estão expostas(os) às condições de precariedade mais que outras(os). Nesse contexto, Butler polemiza ainda mais ao nos questionar, "Quais humanos contam como humanos?" (2018, p. 43).

Na instituição escola, as desigualdades relativas a gênero e sexualidade, especificamente, podem tomar proporções preocupantes e excludentes se não houver uma intervenção educativa a tempo. Segundo Junqueira (2009, p.17), "tratamentos preconceituosos, medidas discriminatórias, ofensas, constrangimentos, ameaças e agressões físicas ou verbais têm sido uma constante na vida escolar" de estudantes que não se encaixam no modelo sexual normativo imposto socialmente.

Cabe ao corpo docente e às(aos) demais profissionais da educação planejar ações e atuar em redes de proteção, a fim de garantir o direito universal à educação para todas(os), bem como a integridade física e psicológica de suas(seus) estudantes. Para tanto, práticas de equidade de gênero na educação podem desempenhar a importante tarefa de visibilizar as diferenças, transformando-as em uma potente estratégia pedagógica. Entende-se equidade neste texto como "um princípio de justiça que visa corrigir desigualdades na escola por meio de práticas e políticas educacionais propícias a zelar" (RIBEIRO; BONAMINO; CARVALHO, 2019, p. 14) pela garantia do direito de cidadania de todas(os).

O primeiro passo, é promover o reconhecimento da diferença nos currículos e nas práticas educativas, reconhecer que todas(os) têm os mesmos direitos de cidadania e, fundamentalmente, o mesmo direito à educação. Para tanto, é preciso estabelecer outras interações e outros afetos no currículo escolar. Movimentar o currículo na escola, um currículo que valorize os acontecimentos e a ação (PARAÍSO, 2019), sair dos lugares fixos e reguladores, desenvolver uma escuta qualificada e propor estudos coletivos no intuito de promover rupturas nas verdades prontas e universais. Aprender consiste também em desaprender! Desaprender atitudes homofóbicas, sexistas, transfóbicas, racistas, capacitistas e classistas.

GÊNERO: A MULTIPLICIDADE DE FORMAS DE SER MULHER E DE SER HOMEM

Nasceu! É menina ou menino? Essa questão é determinante na construção do sujeito mulher e do sujeito homem na sociedade. De acordo com a resposta a essa questão são criadas expectativas e sonhos para a filha ou para o filho – se for menina, será uma princesa, linda e educada, cuidadosa com o outro, brincará de boneca para treinamento da maternidade, saberá se vestir, maquiar e cuidar da pele e do cabelo, sempre cheirosa, será professora, médica dermatologista ou psicóloga; se for menino será valente, destemido, saberá se virar sozinho, brincará de carrinho, jogará futebol como ninguém, não levará desaforo para casa, subirá em árvores sem medo, inteligente, será médico ou engenheiro, será um homem de sucesso.

Considerando tais estereótipos do que venha a ser uma menina-mulher e um menino-homem legitimados socialmente, podemos vislumbrar as posições sociais de gênero como construções culturais, históricas, estéticas e políticas (LOURO, 2000). Ser feminina ou ser masculino não é tão simples como parece, envolve concepções anteriores ao próprio nascimento. Comportamentos e estéticas determinam os ditos e os interditos para as meninas e para os meninos.

Mas, afinal, o que é gênero? Gênero é um termo polissêmico que possui diferentes concepções de acordo com a corrente teórica e autoras(es) escolhidas(os). Nesse capítulo, gênero diz respeito aos modos de ser e estar no mundo. Se existem diferentes formas de ser no mundo, existem diferentes expressões de gênero. Segundo Scott (1989), gênero é um elemento constitutivo das relações sociais, baseado nas diferenças percebidas entre os sexos, sendo gênero uma forma primeira de significar as relações de poder. Esse conceito enfatiza o seu aspecto relacional, ou seja, constituímos homens e mulheres e construímos nossa identidade nas relações sociais, afetivas, familiares e comunitárias que estabelecemos. A autora qualifica tais relações como relações de poder que, quando assimétricas e desiguais, geram submissão, discriminação e violência.

Quando elegemos um modo de ser homem e de ser mulher como único, certo e normal, todos os outros que não seguem o padrão estabelecido serão considerados desviantes, errados e patológicos. E essas pessoas serão excluídas ou levadas a se submeter e se adaptar ao modo hegemônico. A promoção da equidade de gênero, ao contrário, buscará considerar e incluir as diferenças, não só as diferenças entre homens e mulheres, mas também as diferenças das mulheres entre si e dos homens entre si, assim como as diferenças étnicas, sociais, religiosas e culturais.

Sendo gênero discursivamente construído, ele emerge no discurso, na linguagem (BUTLER, 2018). Não existe uma essência naturalmente feminina ou masculina. Aprende-se a ser mulher e a ser homem na sociedade, na mídia, na família, nas redes sociais e também na escola. Discutir gênero demanda discutir corpos interseccionados (COLLINS, 2016) por raça, classe social, orientação sexual, idade, território, deficiência e outros marcadores sociais. Segundo Le Breton (2003), em um mundo cada vez mais tecnológico, nossos corpos podem ser considerados como "corpos rascunho" (LE BRETON, 2003, p. 45), pois estão em constante alteração em função da idade, da alimentação, do desejo e de sexualidade. A nomeação de sujeitos e corpos equivale a um forte elemento classificador e desencadeador de desigualdades. Nomear é definir distância entre eu e o outro, é afirmar na negação o que sou ou o que não sou. E por que queremos nomear tudo e todas(os)? Ficar fora da norma, dita hegemônica, gera incômodo e desconforto para aquela(e) que pensa estar inserida(o) na mesma norma.

CURRÍCULO: ENTRE VAZAMENTOS E ESCAPES

Os espaços escolares devem ser espaços de formação de pessoas que enfrentem todas as formas de discriminação, mas é preciso que as(os) estudantes sejam capazes de identificar as discriminações em suas especificidades, uma vez que, naturalizadas, elas passam despercebidas. Se as diferenças entre homens e mulheres são tratadas como "desigualdades naturais", justificadas com expressões do tipo "sempre foi assim", elas(eles) não perceberão a violação de direitos, o cerceamento da liberdade e, por exemplo, a desqualificação das mulheres. Segundo o *Atlas da Violência*, no Brasil, uma mulher é assassinada a cada duas horas (BRASIL, 2018), além de ser o país que mais assassina a população LGBTQIA+[1] no mundo (TGEU, 2016).

A escola consiste num vasto universo para o trabalho cotidiano de superação de preconceitos e discriminações. Práticas de enfrentamento da discriminação de gênero e de sexualidade, por exemplo, não podem ser atos excepcionais no cotidiano escolar, devem ser um trabalho diário (MOREIRA, 2015). Os preconceitos costumam vir em conjunto, assim, pessoas machistas também podem ser racistas e homofóbicas. Torna-se cada vez mais necessária uma educação para as relações de gênero (ALVES; SOUZA, 2017). Para tanto, é fundamental conceber um currículo que seja aberto à diferença, que permita diferentes expressões de existência no mundo.

Nesse sentido, Paraíso (2019) coloca-nos uma questão essencial para reflexão, qual seja: o que vaza e escapa no currículo da escola? Aquilo que não está enquadrado e normatizado. Meninos na Educação Infantil que queiram brincar de boneca – vaza! Meninas que recusam o rótulo de meigas, delicadas e sensíveis – escapa! Estudantes trans e travestis que queiram utilizar o nome social na lista de chamada – escapa! Professoras(es) que encarem a profissão docente como um trabalho, uma profissão e não como uma vocação ou missão – vaza! E o que fazer com esses vazamentos e escapes do currículo? Discutir, tornar visível a demanda, problematizar a realidade, denunciar, inconformar-se com uma norma que desconsidere as diferenças. Esse é o papel da escola e das políticas públicas, promover uma ampliação de consciência sobre o mundo, incentivar diferentes leituras de mundo, respeitar e, principalmente, reconhecer que existem modos de vida diversos, todos com os mesmos direitos de cidadania.

---

[1] Não existe um consenso teórico e do movimento social quanto ao uso da sigla, pois existem inúmeras versões. Neste texto, optamos pela sigla LGBTQIA+ sendo lésbicas, gays, bissexuais, travestis e transexuais, *queer*, intersexuais e assexuais (ALVES, 2017).

Currículo é muito mais do que o ordenamento de conteúdos programáticos, níveis de aprendizagem, avaliações regulares, intervalos rígidos de tempo e disciplinarização dos corpos (PARAÍSO, 2010). Ele diz das pessoas e das relações interpessoais, das descobertas, dos conflitos, das emoções, das dúvidas e, por que não, dos prazeres. Podemos dizer que a lógica do currículo é masculina ou feminina? Segundo Paraíso e Caldeira (2018), as mulheres ocupam um lugar de silêncio nos currículos, apesar de o magistério e da prática docente serem predominantemente femininos. Segundo as autoras "[...] inferiorizações, colonizações, domesticações, apagamentos, silenciamentos, dicotomizações de gênero e sexualidade são práticas comuns nos currículos" (PARAÍSO; CALDEIRA, 2018, p. 17). A prática docente crítica e reflexiva (PERRENOUD, 2000) em constante (re)avaliação pode ser uma saída para visibilizar o invisível nos currículos.

POLÍTICA PÚBLICA DO NOME SOCIAL

Do ponto de vista legal, no Brasil, existem inúmeras normativas (municipais, estaduais e federais) de garantia do uso do nome social por estudantes transexuais e travestis nas escolas. Nome social é aquele nome escolhido pelo próprio sujeito transexual e travesti em conformidade com sua expressão de gênero (ALVES, 2017). Além das legislações do nome social, desde 2018, existe o Provimento CNJ nº 73 do Conselho Nacional de Justiça, que dispõe sobre a retificação do nome e do sexo de pessoas transexuais e travestis, maiores de 18 anos, nos cartórios em território brasileiro. Vale destacar que, em ambos os aparatos legais, basta a autodeclaração do sujeito, sendo desnecessário qualquer laudo ou atestado médico/psicológico de comprovação de uma "verdadeira" transexualidade ou uma "verdadeira" travestilidade. A autodeclaração de gênero, a exemplo da autodeclaração de raça, produziu nos campos da psicologia, da medicina e do direito um movimento no sentido contrário à patologização de corpos trans e travestis.

Desde o início dos anos 2000, no Brasil, os movimentos sociais feministas e LGBTQIA+ tiveram força instituinte junto às políticas públicas, pois mobilizaram energias produtivas, desejantes e revolucionárias, que foram "capazes de inventividade e de transformação de instituições sociais já existentes e aparentemente cristalizadas como o aparato jurídico do Estado" (ALVES; MOREIRA; JAYME, 2021, p. 2). Infelizmente, tais avanços na esfera pública têm sofrido, nos últimos cinco anos, ataques e retrocessos oriundos de movimentos internacionais conservadores que trazem no discurso as ditas ofensivas antigênero (JUNQUEIRA, 2018), como o Movimento Escola sem Partido e a falaciosa Ideologia de Gênero.

A estratégia utilizada por tais grupos conservadores é espalhar o pânico moral (MISKOLCI; CAMPANA, 2017) no campo da educação, em especial, no que se refere à discussão interdita de infância, gênero e currículo. A interdição de gênero na escola é operacionalizada por meio da chamada "técnica do apagamento" (CALDEIRA, 2018, p. 68), em que gênero desaparece dos materiais didáticos e paradidáticos, dos planos de educação, das proposições curriculares, das atividades de sala de aula, bem como dos discursos de docentes. Por isso, a importância de nós, educadoras(es,), pesquisadoras(es) e gestoras(es) de políticas, marcarmos nossa resistência nas escolas, abrindo brechas e atalhos, buscando alternativas linguísticas, cedendo em alguns momentos para avançar em outros, a fim de manter viva e pulsante a discussão das diferenças no currículo.

No campo das políticas públicas, Alves (2017) aponta um relevante desdobramento do uso do nome social em ambientes escolares, o polêmico uso dos banheiros generificados. Qual banheiro uma mulher trans deve usar? Qual banheiro um homem trans deve usar? Em um mundo ideal, tais pessoas deveriam utilizar os banheiros em que se sentissem à vontade, conforme a expressão de gênero. Entretanto, sabemos que a diferença incomoda e amedronta, pois coloca em xeque certezas sobre gênero e sexualidade (ALVES, 2017). No intuito de garantir a integridade física de pessoas trans e travestis e o direito delas de utilizar um banheiro para necessidades biológicas, é fundamental procurar alternativas dialogadas com os sujeitos envolvidos.

Segundo Alves, Moreira e Jayme (2021), o banheiro consiste num espaço paradigmático de configuração das diferenças, local de descobertas, segredos, mistérios e jogos sexuais. Como tal, "a organização dos banheiros funciona como uma tecnologia de gênero" (ALVES; MOREIRA; JAYME, 2021, p. 8), isto é, como um ambiente de regulação das masculinidades e das feminilidades que tem como base a cisgeneridade. Assim o banheiro atua como uma espécie de balizador de gênero (ALVES, 2017), em que a incorporação das normas de gênero ocorre com base na conformação corporal, anatômica e fisiológica dela oriundas. Nesse cenário, corpos travestis e trans não encontram legibilidade, sendo lidos como abjetos (BUTLER, 2003), ou seja, sem direito a ter direitos.

Não existe uma legislação brasileira sobre o uso de banheiros nos espaços públicos, apenas bom senso, ética e reconhecimento dos direitos de cidadania, aquilo que Perrenoud chamou de "lucidez profissional" (PERRENOUD, 2000, p. 149). Uma prática alternativa recorrente nas escolas tem sido o uso do banheiro individual de acessibilidade por estudantes trans e travestis, pois esse banheiro não é exclusivo de pessoas com dificuldade de locomoção, ele é prioritário. Ou seja, se não houver uma(um) cadeirante ou uma pessoa com outro tipo de deficiência locomotora, qualquer pessoa pode usá-lo, portanto, sem se configurar como uma reiteração discriminatória. Não é a solução ideal, pois acaba por segregar novamente o sujeito, mas é uma solução viável e transitória para evitar os altos índices de evasão escolar entre estudantes trans e travestis no Brasil.

A política pública do nome social, assim como todas as políticas públicas, apresenta três etapas: 1. Elaboração; 2. Monitoramento; e 3. Avaliação permanente. Segundo dados da Secretaria Municipal de Educação (BELO HORIZONTE, 2020), o monitoramento do uso do nome social nas escolas sinalizou um aumento significativo entre os anos de 2018 e 2019. Enquanto em 2018 eram apenas 7 estudantes, no ano seguinte, em 2019, este número passou para 19 estudantes. Tal crescimento é apontado, de acordo com a Secretaria, como decorrente da inclusão, no Sistema de Gestão Escolar, de um campo específico para o nome social em todos os formulários digitais da escola (ficha de matrícula, boletim, histórico, avaliações e relatórios). Dessa forma, o monitoramento que, desde 2012, era feito manualmente com a gestão de cada uma das mais de 300 escolas municipais, passou a ser realizado digitalmente, tornando-se mais eficaz e eficiente. Acrescenta-se ao quadro de dados da Rede Municipal de Educação de Belo Horizonte, a informação de que 89% das demandas de uso do nome social são de mulheres trans e travestis, sendo apenas 11% de homens trans (BELO HORIZONTE, 2020). Tais informações demandam uma investigação e análise mais apurada, pois podemos inferir certa invisibilidade generificada ou mesmo certo silenciamento de gênero no campo da transgeneridade.

Outro dado relevante e recente, entre 2020 e 2021, nas escolas municipais da capital mineira, refere-se ao aumento na demanda de uso do nome social por estudantes menores de 18 anos. Tem se tornado comum estudantes de 13 e 15 anos requisitarem o nome social, há até mesmo um caso de uma estudante de 9 anos de idade (BELO HORIZONTE, 2020). Tais situações demandam atenção, cuidado e acolhimento por parte das(os) profissionais da escola, uma vez que estudantes menores de 18 anos precisam da aquiescência da família para efetivar a demanda (conforme Resolução CME/BH nº 002/2008). Esse aumento na demanda pelo uso do nome social pode sinalizar um duplo movimento entre as juventudes: 1. uma ampliação da percepção de diferentes expressões de gênero na escola; e 2. uma ampliação de consciência dos direitos de cidadania de estudantes jovens.

Em um currículo escolar padronizado, normalizado e estático, não cabem discussões de gênero, nome social e direitos de cidadania, por isso é preciso cada vez mais relativizar concepções curriculares herméticas. Um currículo em ação (PARAÍSO, 2019) comporta movimentos no campo das subjetividades. Sendo acolhedor das diferenças, um currículo "opera com o movimento e com o acontecimento, prioriza[ndo] os processos de ensinar e do aprender, em vez dos resultados. O aprender é o encontro com a diferença [...] é buscar estratégias para desgenerificar, desaprender, subverter *performances* de gênero" (PARAÍSO, 2019, p. 195-197).

POLÍTICA PÚBLICA DA DIGNIDADE MENSTRUAL

Com licença, nós menstruamos! Começar pelo ponto de partida e desestigmatizar o processo biológico da menstruação pode nos levar a refletir sobre a trajetória histórica das lutas pela inclusão de todos os sujeitos no espaço escolar. Nesse mote, discutir publicamente acerca dos direitos menstruais foi um compromisso que a gestão da Prefeitura Municipal de Belo Horizonte, por meio das pastas da educação, saúde e assistência social, assumiu em resposta ao desafio da precariedade menstrual que afeta negativamente pessoas que menstruam na fase reprodutiva.

Não podemos deixar de citar a importância da articulação realizada pela vereadora Duda Salabert, que, mobilizada junto ao Conselho Municipal da Educação, Conselho Municipal da Mulher, Conselho Municipal da Juventude e Conselho Municipal da Criança e do Adolescente, viabilizou a construção coletiva do Projeto de Lei nº 063/2021, que explicita esta política junto à Prefeitura Municipal de Belo Horizonte.

A pauta política aponta as necessárias vinculações entre a dignidade menstrual e os direitos fundamentais, sendo que para isso é necessário refletir acerca da dignidade menstrual e seus impactos, ou seja, sobre a situação de precariedade e vulnerabilidade econômica e social à qual pessoas que menstruam estão submetidas por não possuírem acesso adequado a saneamento básico, banheiros e produtos de higiene pessoal. A situação de instabilidade ao acesso a itens que contenham o fluxo menstrual é uma das representações da desigualdade social, pois evidencia faltas pelas quais pessoas que menstruam passam mensalmente, podendo denunciar preconceitos referentes a desigualdade de gênero, sexismo e misoginia.

No ano de 2014, a Organização das Nações Unidas (ONU) reconheceu o direito à higiene menstrual como uma questão de saúde pública mundial e de direitos humanos. A partir desse marco legal e histórico, o mundo tem se debruçado sobre essa temática, sendo que, em junho de 2018, o Fundo de População das Nações Unidas constatou que a pobreza menstrual é um empecilho ainda maior para quem se encontra em situação de extrema vulnerabilidade, seja pela situação de pobreza, seja por não possuir uma moradia, seja por ter alguma deficiência, seja por ser homens transexuais[2], ou por estar na prisão.

Já o Fundo das Nações Unidas para a Infância (UNICEF) publicou, em março de 2019, o guia *Orientação sobre Saúde e Higiene Menstrual,* onde é apontado que: saúde e higiene menstrual abrangem tanto o gerenciamento da higiene menstrual quanto os fatores sistêmicos mais amplos que vinculam a menstruação a saúde, bem-estar, igualdade de gênero, educação, equidade, empoderamento e direitos humanos (UNICEF, 2019).

Além disso, o período menstrual vivenciado de forma íntegra está diretamente relacionado à dignidade humana e aos Objetivos de Desenvolvimento Sustentável (ODS) da ONU. Dentre os dezessete ODS, entende-se que o direito à higiene menstrual está fortemente conectado ao

---

[2] Pessoas que foram designadas ao nascer como mulheres, mas que se reconhecem como homens.

primeiro objetivo, referente à erradicação da pobreza; ao terceiro objetivo, que visa alcançar à saúde e bem-estar; ao quarto objetivo, concernente à educação de qualidade; ao quinto objetivo, que trata da igualdade de gênero; ao sexto objetivo, referente ao acesso ao saneamento e à água tratada; e ao décimo objetivo, que versa sobre a redução das desigualdades.

O elevado custo de absorventes descartáveis, por exemplo, leva mulheres, adolescentes, homens transexuais e pessoas não binárias[3] que menstruam a recorrerem a métodos inseguros para conter a menstruação. A utilização de papéis, jornais, trapos, sacolas plásticas, meias, miolos de pão ou a reutilização de absorventes descartáveis coloca a saúde física dessas pessoas em risco (QUEIROZ, 2015). Destarte, a precariedade menstrual está estreitamente conectada com a desigualdade de gênero, sendo que tais problemas poderiam ser solucionados, ou, ao menos, atenuados, com a elaboração de políticas públicas adequadas, podendo vir a impactar positivamente a vida de milhares de pessoas que menstruam, além de servir como ferramenta de enfrentamento da desigualdade de gênero.

A Constituição Federal (BRASIL, 1988), em seu artigo 205, reconheceu a educação enquanto um direito fundamental de todos e dever do Estado e da família, considerando em seu texto a dignidade humana, com pressupostos que apontam para políticas públicas que tenham objetivos como a erradicação da pobreza e a redução das desigualdades sociais, a fim de promover o bem comum de todas e todas(os) as(os) estudantes que estão nas escolas. A fim de garantir esse direito, faz-se necessário discutir e implementar ações efetivas que promovam a saúde e os direitos menstruais, e essa foi a opção política que a gestão municipal de Belo Horizonte fez, em resposta ao desafio da precariedade menstrual que afeta, de forma negativa, estudantes, e também como mais uma das formas de se combater o absenteísmo escolar.

Dados mundiais sobre a educação apontam que 1 a cada 4 jovens já faltou à escola por não possuir absorvente (UNICEF, 2019), sendo que, além de não poder comprar absorvente, o absenteísmo escolar atrelado à menstruação pode se dar por outras razões, como cólicas, cefaleia e outros mal-estares ligados ao período menstrual, bem como pela falta de infraestrutura para o adequado cuidado com a higiene menstrual, in-

[3] Pessoas que não se identificam nem com o gênero masculino, nem com o gênero feminino.

cluindo acesso a instalações seguras e convenientes para descartar materiais utilizados. Assim, o comprometimento do acesso e permanência na escola em escala tão frequente – com duração de 2 a 8 dias no mês – afeta a qualidade do processo de aprendizagem dessas estudantes, bem como acentua a disparidade entre os gêneros.

O acesso a absorventes higiênicos é uma questão de saúde que precisa ser observada no ambiente escolar. Nesse sentido, efetivar a política dos direitos menstruais, sob a lente dos direitos humanos, levou-nos a planejar, a fim de executar, ações educativas com foco na saúde, no combate à desigualdade de gênero, na busca pela equidade de direitos e oportunidades, fator que pode ajudar a quebrar ciclos de desigualdades, por meio da perspectiva da garantia dos direitos menstruais, cuja intenção é a de contribuir para a promoção da saúde e da equidade, no intuito de gerar condições para que todas as pessoas que menstruam desenvolvam seu pleno potencial de aprendizagem.

A temática da precariedade menstrual é tratada no eixo da educação, na Secretaria Municipal de Educação (SMED), na Diretoria de Educação Inclusiva e Diversidade Étnico-Racial (DEID), especificamente no Núcleo de Educação, Cultura e Cidadania (NECC), que compreende a precariedade menstrual enquanto um fenômeno multidimensional e transdisciplinar, sendo que a "precariedade menstrual" exige estratégias de enfrentamento igualmente complexas e intersetoriais que estão relacionadas com os já citados ODS da ONU, de que a Prefeitura Municipal de Belo Horizonte é signatária. Depois de diversas discussões, articulações intersetoriais na prefeitura da capital mineira, reescrita de textos e investigação da prática em escolas municipais, foi sancionada, no dia 20 de setembro de 2022, a Lei n°11.407/22, que garante a distribuição gratuita de absorventes nas escolas para estudantes da Rede Municipal de Educação. A Lei de Dignidade Menstrual consiste em um potente exemplo de política pública, uma vez que constitui um meio de concretização dos direitos que estão codificados nas leis de um país com a intencionalidade de produzir bem-estar social para suas(seus) cidadãs(ãos) (DIAS; MATOS, 2012).

O Brasil tem atualmente cerca de 7,5 milhões de pessoas que menstruam. Os dados do Sistema de Gestão Escolar (SGE) da SMED apontam que a Rede Municipal de Educação de Belo Horizonte possui

35.899 estudantes entre as faixas etárias de 9 a 15 anos, e 941 estudantes matriculadas na Educação de Jovens e Adultos, totalizando 40.840 estudantes em fase reprodutiva. Compreende-se que o início da implementação dessa política pública será a porta de entrada para se pensar nos escapes patentes que sejam suscetíveis ao trabalho curricular com as diferenças no contexto escolar. Poderão ser trabalhadas questões referentes às masculinidades, feminilidades, humanidades, sexualidade, infecções sexualmente transmissíveis e atenção integral à saúde. Nesse sentido, despertar o olhar seria perceber o currículo como o espaço do incontrolável, "porque em um currículo sempre há espaço para os encontros que escapam ao controle, que resistem e extrapolam ao planejado, que se abrem para a novidade" (PARAÍSO, 2016, p. 390).

A política pública de dignidade menstrual poderá favorecer as pessoas que menstruam e provocar as escolas a refletirem, a fim de construir estratégias para vedar discriminações arbitrárias, sendo que novas construções no currículo poderão funcionar "como uma espécie de contestação" do "espaço em que vivemos" e "do próprio currículo já instituído" (PARAÍSO, 2018, p. 214). É essa potencialidade do currículo como espaço de reflexão, de ação e de resistência criativa que estamos chamando de *contraespaços* curriculares, ou seja, espaços que possam ser criados para afirmar a vida onde ela não é passível de luto, possui importância (BUTLER, 2016) e é digna de acessos aos direitos fundamentais.

CONSIDERAÇÕES FINAIS: CAMINHOS POSSÍVEIS

Retomando o início deste capítulo, o escritor Manoel de Barros nos fez um convite para "desver o mundo" e "encontrar novas coisas de ver" (BARROS, 2015, p. 141). Imbuídos desse direcionamento poético, procuramos (re)pensar a equidade de gênero nos currículos escolares. Para tanto, torna-se necessário um sentimento permanente de estranhamento para não ser capturada(o) e domesticada(o) na rotina escolar. Urge uma abertura para a diferença, para outros modos de existência e para outras humanidades possíveis.

Não existe manual! Não existe fórmula! Podemos dizer que existem experimentações, vivências, acertos e erros, sempre com afeto e cuidado ético. Evitar as generalizações e as naturalizações quando se abordam as diversas formas de ser mulher e de ser homem na sociedade é um ótimo começo. O sujeito dito universal será sempre um sujeito fictício e inatingível. Lidar com a multiplicidade de opiniões, algumas mais ruidosas que outras, não é uma tarefa fácil. Entretanto, não podemos perder de vista nosso compromisso profissional de garantir o reconhecimento das diferenças e, como tal, o direito a uma educação inclusiva, cidadã e de qualidade para meninas e meninos, mulheres e homens, independentemente da orientação sexual e da expressão de gênero.

Este capítulo não se encerra aqui, ele continua nas reflexões individuais, nas atividades de sala de aula, nas pesquisas acadêmicas, nos debates acalorados, nas leituras, nos mergulhos na internet, nos filmes, nas visitas a museus e na constante busca por uma vida digna e não precarizada para todas(os).

REFERÊNCIAS

ALVES, Cláudio Eduardo Resende. *Nome sui generis:* o nome social como dispositivo de identificação de gênero. Belo Horizonte: Ed. PUC Minas, 2017.

ALVES, Cláudio Eduardo Resende; MOREIRA, Maria Ignez Costa; JAYME, Juliana Gonzaga. O binarismo de gênero nas placas de banheiros em espaços públicos. *Revista Psicologia e Sociedade*, v. 33, p. 1-18, 2021. Disponível em: https://doi.org/10.1590/1807-0310/2021v33228122. Acesso em: 9 out. 2021.

ALVES, Cláudio Eduardo Resende; SOUZA, Magner Miranda de (Org.). *Educação para as Relações de Gênero:* eventos de letramento na escola. Curitiba: CRV, 2017.

ARENDT, Hannah. *Da violência*. Brasília: Ed. da Universidade de Brasília, 1985.

BARROS, Manoel de. *Meu quintal é maior do que o mundo* – Antologia. Rio de Janeiro: Objetiva, 2015.

BELO HORIZONTE. Prefeitura Municipal. *Sistema de Gestão Escolar.* Belo Horizonte: Secretaria Municipal de Educação, 2020.

BIRNBAUM, Pierre. O conflito. *In*: BOUDON, Raymond (Org.). *Tratado de Sociologia*. Rio de Janeiro: Jorge Zahar, 1995.

BRASIL. *Constituição da República Federal do Brasil (1988)*. Brasília, DF, 1988. Disponível em: http://www.planalto.gov.br/ccivil_03/Constituicao/Constituicao.htm. Acesso em: 12 nov. 2021.

BRASIL. Instituto de Pesquisa Econômica Aplicada - IPEA. Fórum Brasileiro de Segurança Pública. *Atlas da violência*, 2018. Disponível em: http://

www.ipea.gov.br/portal/index.phpoption=com_content&view=article&id=33410&Itemid=432. Acesso em: 24 set. 2021.

BUTLER, Judith. *Corpos em aliança e a política das ruas:* notas para uma teoria performativa de assembleia. Rio de Janeiro: Civilização Brasileira, 2018.

BUTLER, Judith. *Problemas de gênero*: feminismo e subversão da identidade. Rio de Janeiro: Civilização Brasileira, 2003.

BUTLER, Judith. *Quadros de guerra*: quando a vida é passível de luto? Rio de Janeiro: Civilização Brasileira, 2016.

CALDEIRA, Maria Carolina da Silva. Relações de gênero no currículo da formação de professoras para a alfabetização: uma análise do Pacto Nacional pela Alfabetização na Idade Certa - PNAIC. *In*: PARAÍSO, Marlucy Alves; CALDEIRA, Maria Carolina da Silva (Org.). *Pesquisas sobre currículos, gêneros e sexualidade.* Belo Horizonte: Mazza Edições, 2018. p. 53-72.

COLLINS, Patricia Hill; BILGE, Sirma. *Intersectionality.* Cambridge. Malden: Polity Press, 2016.

DIAS, Reinaldo; MATOS, Fernanda. O conceito de política pública. *In*: ______. *Políticas públicas*: princípios, propósitos e processos. São Paulo: Atlas, 2012. p. 1-21.

JUNQUEIRA, Rogério Diniz. A invenção da "ideologia de gênero": a emergência de um cenário político e discursivo e a elaboração de uma retórica reacionária antigênero. *Psicologia Política*, v. 18, n. 43, p. 449-502, set./dez. 2018.

JUNQUEIRA, Rogério Diniz. *Diversidade sexual na educação:* problematizações sobre a homofobia nas escolas. Brasília: Ministério da Educação/Secretaria de Educação Continuada, Alfabetização e Diversidade/UNESCO, 2009.

LE BRETON, David. *Adeus ao corpo*: antropologia e sociedade. Campinas: Papirus, 2003.

LOURO, Guacira Lopes. *O corpo educado*: pedagogias da sexualidade. Belo Horizonte: Autêntica, 2000.

MISKOLCI, Richard; CAMPANA, Maximiliano. "Ideologia de gênero": notas para a genealogia de um pânico moral contemporâneo. *Revista Sociedade e Estado*, v. 32, n. 3, set./dez. 2017.

MOREIRA, Maria Ignez Costa. *Diretrizes da educação para as relações de gênero na Rede Municipal de Educação de Belo Horizonte.* Belo Horizonte: Secretaria Municipal de Educação, 2015.

ONU MULHERES. Financiamento Transformador pode acabar com a desigualdade de gênero até 2030, destaca ONU Mulheres. 2015. Disponível em: http://www.onumulheres.org.br/noticias/financiamento-transformador-pode-acabar-com-adesigualdade-de-genero-ate-2030/. Acesso em: 18 ago. 2021.

PARAÍSO, Marlucy Alves. A ciranda do currículo com gênero, poder e resistência. *Currículo sem Fronteiras*, v. 16, n. 3, p. 388-415, set./dez. 2016. Disponível em: http://www.curriculosemfronteiras.org/vol16iss3articles/paraiso.pdf. Acesso em: 11 nov. 2021.

PARAÍSO, Marlucy Alves. Currículo, gênero e heterotopias em tempos de *slogan* "ideologia de gênero". *In*: LOPES, Alice Casimiro *et al. Os gêneros da escola e o (im)possível silenciamento da diferença no currículo.* Recife: Ed. UFPE, 2018. p. 211-242.

PARAÍSO, Marlucy Alves. Diferença no currículo. *Cadernos de Pesquisa*, v. 40, n. 140, p. 587-604, maio/ago. 2010.

PARAÍSO, Marlucy Alves. *Uma vida de professora que forma professores/as e trabalha para o alargamento do possível no currículo.* Curitiba: Brazil Publishing, 2019.

PARAÍSO, Marlucy Alves; CALDEIRA, Maria Carolina da Silva. *Pesquisas sobre currículos, gêneros e sexualidade.* Belo Horizonte: Mazza Edições, 2018.

PERRENOUD, Philippe. *10 novas competências para ensinar.* Porto Alegre: Artmed, 2000.

QUEIROZ, Nana. *Presos que menstruam.* Rio de Janeiro: Record, 2015.

QUEIROZ, Nana. *Presos que menstruam.* São Paulo: Record, 2015.

RIBEIRO, Vanda Mendes; BONAMINO, Alícia; CARVALHO, Cynthia Paes. Equidade e Desigualdade Escolar em um recorte da produção acadêmica da sociologia da educação sobre políticas Educacionais no Brasil (2006-2017). *Jornal de Políticas Educacionais*, v. 13, n. 9, fev. 2019.

SCOTT, Joan. Gênero: uma categoria útil para análise histórica. *Educação e Realidade*, v. 16, n. 2, p. 5-22, jul.-dez. 1989.

TGEU. *Transgender Europe. TDoR – Press Release.* 2016. Disponível em: https://tgeu.org/tdor-2016-press-release/. Acesso em: 27 set. 2021.

UNICEF; CENTER FOR GLOBAL SAFE WATER. Agua, saneamiento e higiene en la escuela fortalece la educacion de las niñas adolscentes en la zona rural de Cochabamba. *Estudio del manejo de la higiene mestrual en las escuelas.* Bolivia, p. 1-62, 2019.

PARAÍSO, Marlucy Alves. Diferença no currículo. *Cadernos de Pesquisa*, v.40, n.140, p. 2010.

PARAÍSO, Marlucy Alves. A ciranda do currículo com gênero, poder e resistência. *Currículo sem Fronteiras*, v. 16, n. 3, p. 388-415, set./dez. 2016. Disponível em: http://www.curriculosemfronteiras.org/vol16iss3articles/paraiso.pdf. Acesso em: 11 nov. 2021.

CALDEIRA, Maria Carolina da Silva. *Pesquisas sobre currículos, gêneros e sexualidade*. Belo Horizonte: Mazza Edições, 2018.

PARAÍSO, Marlucy Alves. Currículo, gênero e heterotopias em tempos de *slogan* "ideologia de gênero". *In*: LOPES, Alice Casimiro *et al*. *Os gêneros da escola e o (im) possível silenciamento da diferença no currículo*. Recife: Ed. UFPE, 2018. p. 211-242.

PARAÍSO, Marlucy Alves. Diferença no currículo. *Cadernos de Pesquisa*, v. 40, n. 140, p. 587-604, maio/ago. 2010.

PARAÍSO, Marlucy Alves. *Uma vida de professora que forma professores/as e trabalha para o alargamento do possível no currículo*. Curitiba: Brazil Publishing, 2019.

PARAÍSO, Marlucy Alves; CALDEIRA, Maria Carolina da Silva. *Pesquisas sobre currículos, gêneros e sexualidade*. Belo Horizonte: Mazza Edições, 2018.

PERRENOUD, Philippe. *10 novas competências para ensinar*. Porto Alegre: Artmed, 2000.

QUEIROZ, Nana. *Presos que menstruam*. Rio de Janeiro: Record, 2015.

RIBEIRO, Vanda Mendes; BONAMINO, Alícia; CARVALHO, Cynthia Paes. Equidade e Desigualdade Escolar em um recorte da produção acadêmica da sociologia da educação sobre políticas Educacionais no Brasil (2006-2017). *Jornal de Políticas Educacionais*, v. 13, n. 9, fev. 2019.

SCOTT, Joan. Gênero: uma categoria útil para Análise Histórica.análise histórica. *Educação e Realidade*, v. 16, nº. 2, p. 5-22, jul.- dez. 1989.

TGEU. *Transgender Europe. TDoR – Press Release*. 2016. Disponível emhttps://tgeu.org/tdor-2016-press-release/: https://tgeu.org/tdor-2016-press-release/. Acesso em: 27 set. 2021.

UNICEF; CENTER FOR GLOBAL SAFE WATER. Agua, saneamiento e higiene en la escuela fortalece la educacion de las niñas adolscentes en la zona rural de Cochabamba. *Estudio del manejo de la higiene mestrual en las escuelas*. Bolivia, p. 1-62, 2019.

ESTRATÉGIAS DIDÁTICAS PARA A EDUCAÇÃO ESPECIAL NA FORMAÇÃO DE PROFESSORES A DISTÂNCIA

Daniel Santos Braga
Isabella Adriane Martins Pereira
Rafael Henrique de Resende Marciano
Patrícia Nascimento Silva

INTRODUÇÃO

Este artigo trata das práticas didáticas para o ensino da educação especial na perspectiva da inclusão utilizadas por docentes do Ensino Superior em cursos de formação de professores da educação a distância (EaD). A pergunta a ser respondida é: em face das especificidades da modalidade EaD, quais estratégias metodológicas têm sido adotadas por docentes que ministram disciplinas de educação especial para abordarem, junto aos futuros professores da Educação Básica, o ensino de estudantes com deficiências, transtornos globais e altas habilidades/superdotação? A pesquisa tem como objeto de investigação professores de licenciaturas que trabalham ou trabalharam com disciplinas de educação especial em algum momento do triênio 2019-2021, em Instituições de Ensino Superior (IES) públicas e privadas de Belo Horizonte, que tenham oferta do curso na modalidade EaD.

O objetivo geral do estudo é identificar métodos de ensino sobre práticas inclusivas de professores do Ensino Superior de licenciaturas em EaD, bem como os saberes docentes que fundamentam essas estratégias. A investigação ainda tem como objetivos específicos: i) compreender a inserção da educação especial nas diretrizes nacionais da formação de professores no Brasil; ii) conhecer como se dá a curricularização da educação especial em diferentes IES que ofertam EaD; e iii) destacar possibilidades e limites, segundo a percepção de docentes que ministram essas disciplinas, na formação de professores da Educação Básica na modalidade a distância para práticas inclusivas.

Justifica este trabalho o fato de que, na última década, o número de matrículas em cursos de EaD no Brasil saltou de 528.320 em 2009 para 2.358.934 em 2018, um crescimento de mais 340% (ABED, 2019). Do total, um percentual expressivo das matrículas são licenciaturas (SEMESP, 2020). Nesse sentido, tendo em vista que a maior parte dos futuros professores brasileiros serão formados na modalidade, e diante das necessidades políticas e sociais das garantias do direito à educação especial na perspectiva da inclusão, torna-se fundamental compreender as estratégias adotadas pelos cursos e seus professores para abordarem essa temática, bem como suas potencialidades e obstáculos.

As análises desta pesquisa partem da compreensão de que as estratégias didáticas adotadas por docentes fazem parte de um conjunto de saberes sob os quais esses professores enquadram suas lógicas e práticas de ação. Para Maurice Tardif (2010), os saberes docentes dizem respeito a questões de ordem pessoal, com abrangência social, que se manifestam e se desenvolvem de maneiras específicas no tempo e no espaço, e são demarcadas na pessoa do professor. Ou seja, o saber docente é um "saber plural, formado pelo amálgama, mais ou menos coerente, de saberes oriundos da formação profissional e dos saberes disciplinares, curriculares e experienciais" (TARDIF, 2010, p. 36).

Dessa forma, seria possível classificar os saberes docentes em quatro pilares fundamentais: pedagógicos, disciplinares, curriculares e experienciais (TARDIF, 2010). Enquanto os saberes pedagógicos seriam aqueles advindos da formação inicial docente; os saberes disciplinares e curriculares estariam relacionados ao próprio campo de conhecimento em que o docente está situado e às expectativas formais do currículo (discursos, objetivos, conteúdos e métodos). Para Tardif, apesar de essas três dimensões de saberes serem importantes para a prática docente, eles não são produzidos pelos professores.

> Os saberes disciplinares e curriculares que os professores transmitem situam-se numa posição de exterioridade em relação à prática docente: eles aparecem como produtos que já se encontram consideravelmente determinados em sua forma e conteúdo, produtos oriundos da tradição cultural e dos grupos produtores

> de saberes sociais e incorporados à prática docente através das disciplinas, programas escolares, matérias e conteúdos a serem transmitidos (TARDIF, 2010, p. 40-41).

Já os saberes experienciais derivariam de saberes da prática, do saber-fazer (BEZERRA, 2018). Estes, segundo Tardif (2010), seriam os principais orientadores da prática docente, ou seja, aqueles conhecimentos adquiridos no percurso profissional único de cada professor. Para o autor, "ensinar é entrar numa sala de aula e colocar-se diante de um grupo de alunos, esforçando-se para estabelecer relações e desencadear com eles um processo de formação mediado por uma grande variedade de interações" (TARDIF, 2010, p. 167). Esse ato não deve ser compreendido ou reduzido a uma técnica, uma vez que os saberes docentes são sempre relacionais, já que o professor raramente atua sozinho, mas "em interação com outras pessoas, a começar pelos alunos" (TARDIF, 2010, p. 49). Nesse sentido, as práticas pedagógicas desenvolvidas por professores não compõem um todo coerente de ações e não são isentas de conflitos. "A docência é um trabalho cujo objeto não é constituído de matéria inerte ou de símbolos, mas de relações humanas com pessoas capazes de iniciativa e dotadas de uma certa capacidade de resistir ou de participar da ação dos professores" (TARDIF; LESSARD, 2005, p. 35).

É essa noção de saberes docentes que permeia a adoção de certos métodos didáticos e a rejeição de outros. Dito de outro modo, certas estratégias de ensino. Nesse sentido, à medida que a educação especial se curriculariza, as estratégias adotadas por docentes dessa temática em cursos de licenciaturas podem contribuir para a constituição, em seus alunos-futuros professores, de saberes pedagógicos, disciplinares, curriculares e experienciais. Conhecer essas estratégias pode lançar luz aos limites e às potencialidades da formação, na modalidade a distância, de professores aptos a trabalharem de forma profícua com o público-alvo (PAEE) da educação especial na perspectiva da inclusão. Assim, esta pesquisa, ao buscar identificar e compreender as estratégias utilizadas por professores para produção de conhecimentos teóricos e práticos acerca da educação especial em contextos de EaD, alicerça-se na epistemologia da prática profissional. Sua finalidade, nas palavras de Tardif (2010, p. 256), "é revelar esses saberes, compreender como são integrados concretamente nas tarefas dos profissionais e como estes os incorporam, produzem, utilizam, aplicam e transformam em função dos limites e dos recursos inerentes às suas atividades de trabalho."

FORMAÇÃO DE PROFESSORES PARA A EDUCAÇÃO ESPECIAL NO ORDENAMENTO JURÍDICO VIGENTE

A formação de professores no Brasil está normatizada na Lei nº 9.394, de 20 de dezembro de 1996, Lei de Diretrizes e Bases da Educação Nacional (LDB). No artigo 62 dessa Lei, está disposto que a formação de docentes para atuarem na Educação Básica se dará em nível superior, em curso de licenciatura plena. É admitida a formação em nível médio, na modalidade normal, para a docência na Educação Infantil e nos anos iniciais do Ensino Fundamental. A LDB ainda garante que os professores do ensino regular devam ser capacitados para a integração de educandos com deficiência, transtornos globais do desenvolvimento e altas habilidades ou superdotação, preferencialmente, nas classes comuns (inciso III do art. 59).

Ainda sobre a formação de professores, o artigo 62 da LDB (§ 8º) estabelece que os currículos dos cursos de licenciatura terão por referência a Base Nacional Comum Curricular (BNCC), regulamentada pelas Diretrizes Curriculares Nacionais (DCNs) para a formação de professores da Educação Básica (Resolução CNE/CP nº 2, de 20 de dezembro de 2019). Assim, as DCNs têm, como um de seus princípios, a formação docente como política de Estado, que reconhece o direito de crianças, jovens e adultos a uma educação de qualidade, mediante a equiparação de oportunidades que considere a necessidade de todos e de cada um dos estudantes, entre os quais, os com deficiência, transtornos globais do desenvolvimento e altas habilidades ou superdotação (BRASIL, 2019).

As diretrizes incluem os marcos legais, conhecimentos e conceitos básicos da educação especial, das propostas e projetos para o atendimento dos estudantes com deficiência e necessidades especiais (inciso V do artigo 12) na carga horária destinada para a base comum (800 horas). Esse núcleo comum de formação compreende os conhecimentos científicos, educacionais e pedagógicos e fundamenta a educação e suas articulações com os sistemas, as escolas e as práticas educacionais (BRASIL, 2019). Dessa maneira, na dimensão do conhecimento profissional que o docente deve ter ao concluir seu curso de licenciatura está a competência específica de demonstrar conhecimento sobre os estudantes e como eles aprendem. Portanto, todos os professores da Educação Básica do país devem sair dos cursos de licenciatura com habilidades de "aplicar estratégias de ensino diferenciadas que promovam a aprendizagem dos estudantes com diferentes necessidades e deficiências, levando em conta seus diversos contextos culturais, socioeconômicos e linguísticos" (BRASIL, 2019, p. 15).

Apesar de o § 3º do artigo 62 da LDB estabelecer preferencialidade do ensino presencial para a formação inicial de professores, preferência essa que também estava presente nas Diretrizes Curriculares Nacionais anteriores à atualmente vigente (§ 3º do artigo 9º da Resolução CNE/CP nº 2, de 1º de julho de 2015), o artigo 80 da LDB incentiva o desenvolvimento e a veiculação de programas de educação a distância, em todos os níveis e modalidades de ensino. As atuais DCNs não fazem qualquer distinção entre a formação presencial e a distância, uma vez que a regulamentação da EaD no país foi ampliada a partir do Decreto nº 9.057, de 25 de maio de 2017. Aliás, esse tem sido um dos caminhos apontados pelos legisladores (inciso IX do artigo 2º da Lei nº 13.005, de 25 de junho de 2014) para o cumprimento das metas do Plano Nacional de Educação, em especial as Metas 15 e 16, que tratam de formação inicial e continuada de professores (BRAGA; PEREIRA, 2020). Dessa forma, compreende-se que ficam estendidas a essa modalidade na licenciatura todas as determinações da formação de professores dos instrumentos normativos, mesmo que a EaD não esteja diretamente destacada (como no caso das Diretrizes Curriculares Nacionais de Pedagogia, Resolução CNE/CP nº 1, de 15 de maio de 2006).

As DCNs orientam que todas as disciplinas que compuserem a base comum do Projeto Pedagógico do Curso de Licenciaturas EaD (*e.g.* educação especial e/ou educação inclusiva) devem demonstrar fundamentação técnica que comprove a viabilidade de se desenvolver a distância as competências e habilidades previstas no componente (BRASIL, 2019). Ou seja, as IES devem especificar as medidas adotadas para que as técnicas ou modelos propostos para as habilidades esperadas dos professores, dentre as quais aquelas relativas ao atendimento educacional de alunos PAEE, sejam eficazes e efetivamente aplicadas nos cursos de licenciatura

EaD. Nesse sentido, tendo em vista a curricularização da educação especial, e sua exigência legal para os cursos a distância, torna-se fundamental compreender o papel dos professores – e suas estratégias didáticas – para a verificação dessa viabilidade.

PROCEDIMENTOS METODOLÓGICOS

Para responder à pergunta estabelecida neste trabalho, optou-se, como procedimento metodológico, pela entrevista semiestruturada. A entrevista é um método que busca obter informações não objetiváveis, pertencentes ao espectro do que Scheele e Groeben (1988 *apud* FLICK, 2009) denominam "teoria subjetiva", ou seja, os entrevistados possuem uma reserva complexa de conhecimento sobre o tópico em estudo. Dessa forma, as perguntas presentes no roteiro da entrevista são utilizadas para "reconstituir" a teoria subjetiva, isto é, as percepções, do entrevistado sobre o assunto. Dessa reconstituição, constrói-se uma estrutura comunicativa a ser validada pelo próprio entrevistado.

A partir de dados do Censo da Educação Superior do Instituto Nacional de Estudos e Pesquisas Educacionais Anísio Teixeira de 2019[1] (INEP, 2020), Belo Horizonte sediava sete cursos de licenciatura EaD em quatro IES.[2] Foram enviados convites para que os cursos encaminhassem aos docentes. Dois docentes aceitaram conceder entrevista, mediante termo de consentimento livre e esclarecido. Embora esse número seja pouco expressivo em face da quantidade de cursos de licenciaturas ofertados na cidade de Belo Horizonte, julgou-se que atenderiam ao objetivo da investigação. Ou seja, embora a amostra não permita generalizações, ela tem potencial de contribuir no apontamento de como professores incorporam, produzem, utilizam, aplicam e transformam

[1] Dados mais recentes disponibilizados até a publicação deste artigo.

[2] Havia, em 2019, 601 cursos credenciados pelo Ministério da Educação para ofertar licenciaturas em Belo Horizonte. Porém, somente sete deles eram oferecidos por instituições com sede no município: Letras e Pedagogia no Centro Universitário Newton Paiva; Pedagogia no Centro Universitário UNA e na Universidade FUMEC; Química, Ciências Biológicas e Matemática na Universidade Federal de Minas Gerais. Um oitavo curso sediado em Belo Horizonte era a licenciatura em Pedagogia, da Faculdade de Educação da Universidade do Estado de Minas Gerais (FaE/UEMG). Entretanto, como eram turmas fechadas, formalizadas por meio de termos de cooperação e convênio entre a UEMG, os municípios e a Universidade Aberta do Brasil, esse curso não estava listado nos dados do Censo da Educação Superior do Inep de 2019.

saberes experienciais quanto ao ensino de temas da educação especial em função das especificidades de suas atividades de trabalho na EaD.

O roteiro de entrevistas foi composto por dois blocos de questões: o primeiro, "Dados de identificação e experiência"; o segundo, "A disciplina de Educação Especial". O objetivo do primeiro bloco foi caracterizar o entrevistado e suas motivações para trabalhar com as disciplinas que abordem a educação especial, para entender o perfil dos entrevistados. O segundo bloco intentou identificar as contribuições da disciplina de educação especial na formação acadêmica dos entrevistados e suas experiências na disciplina de educação especial que ministrou na graduação, para compreender quais os métodos e os saberes docentes que permeiam suas práticas.

As entrevistas foram realizadas por meio da plataforma Zoom,[3] em conta gratuita, o que resultou em uma limitação de duração de 40 minutos por entrevista. As conversas foram transcritas e, em seguida, submetidas à análise de conteúdo (BARDIN, 2016). Inicialmente, foi realizada exploração do material e, após leitura flutuante, elaborou-se codificação por unidades de contexto e por enumeração (presença/ausência; frequência; intensidade; direção e ordem). A categorização foi realizada levando em conta as hipóteses dos pilares dos saberes docentes de Tardif (2010): pedagógicos, disciplinares, curriculares e experienciais. Os dados levantados são apresentados e discutidos a seguir.

RESULTADOS E DISCUSSÃO

Sobre o perfil dos entrevistados, destaca-se, novamente, que foram dois professores participantes da pesquisa: Luís (nome fictício), 31 anos, que possui 10 anos de docência, sendo cinco deles na modalidade EaD, atuando em disciplinas sobre a Língua Brasileira de Sinais (Libras) e, posteriormente, em disciplinas sobre educação inclusiva. No que tange às motivações para lecionar disciplinas relacionadas à educação especial, Luís evidencia a importância da sua atuação docente na Educação Básica como professor de Matemática em uma escola especial para surdos, em Belo Horizonte. Essa experiência profissional foi fundamental para o desenvolvimento do seu interesse na área da educação

---

[3] *Zoom Video Communications*® é uma empresa de serviços de conferência remota com sede em San Jose, Califórnia (Estados Unidos da América).

especial, especialmente, na educação de surdos, por isso, desenvolveu seu mestrado e, no momento, o doutorado, em educação, na interface entre a educação matemática e a educação de surdos.

Já a segunda entrevista foi realizada com Gabriela (nome fictício), 42 anos. Gabriela possui 11 anos atuando regularmente como professora e, considerando outras experiências didáticas, conta com 20 anos de docência. Desde seu início formal em IES, leciona disciplinas relacionadas à educação especial, educação inclusiva e Libras. No entanto, sua experiência na EaD é recente, tendo iniciado suas práticas na modalidade há cerca de dois anos. No que diz respeito a suas motivações, Gabriela destaca que, após uma disciplina genérica em sua formação inicial em Pedagogia que tratava sobre as necessidades educativas especiais, dedicou-se ao aprendizado da Libras. Posteriormente, direcionou suas pós-graduações, tanto *stricto sensu* quanto *lato sensu*, para a temática da educação especial, principalmente, para a relação com a educação escolar indígena, com ênfase na língua de sinais para esse público.

Constatou-se, em ambas as entrevistas, um escasso contato com a educação especial ou aspectos relacionados a ela durante a formação inicial dos participantes. A professora Gabriela teve apenas uma disciplina sobre educação especial na graduação; e, em seu mestrado, apesar de ser na temática da educação especial, também não cursou disciplinas sobre o assunto. Foi apenas no doutorado que conseguiu cumprir créditos em duas disciplinas relacionadas à educação especial que, de acordo com ela, contribuíram imensamente para sua formação pela didática, pelo conhecimento e pela importância das pesquisas realizadas pelas docentes do programa de pós-graduação. Coincidentemente, Luís também indica apenas uma disciplina em sua formação inicial, mas considera que esta pouco ajudou a pensar sobre a didática à época. Somente no doutorado conseguiu cursar novamente uma disciplina que, em suas palavras, contribuiu muito para sua formação, suas reflexões e sua prática educativa.

Evidencia-se, até aqui, como a questão da educação especial é recente no país. Os professores da Educação Superior, em geral, não tiveram disciplinas sobre e para a educação especial em sua formação inicial ou mesmo continuada. Na perspectiva de Tardif (2010), os saberes pedagógicos, disciplinares e curriculares (expectativas formais do currículo, discursos, objetivos, conteúdos e métodos) desses professores, provavelmente, advêm de outros tipos de vivências acadêmicas e profissionais. A falta de um certo *ethos* mais ou menos institucionalizado, a despeito da legislação formulada nos últimos anos, reflete-se em como a curricularização da educação especial tem ocorrido no Brasil, com uma multiplicidade disforme de ementas e programas de ensino.

Nesse sentido, ao ser questionada sobre como a educação especial se faz presente no currículo da instituição em que trabalha e como desenvolve suas aulas, a professora Gabriela descreveu que os conteúdos ministrados são organizados em unidades temáticas ofertadas a todos os cursos. A unidade dedicada à educação especial possui carga horária de 160 horas e é ministrada por dois professores, que trabalham conjuntamente a questão da inclusão. A organização do plano de ensino é feita a partir da familiaridade de cada um desses professores com as áreas: enquanto o primeiro dedica suas aulas para a discussão da inclusão escolar de grupos historicamente marginalizados (*e.g.* indígenas, quilombolas, população LGBTQIA+, entre outros), Gabriela direciona suas aulas para realizar a interseccionalidade do PAEE dentro dessas populações e para a aplicação da teoria na prática, com a produção de materiais adaptados e acessíveis. Além disso, a professora destaca que há uma unidade dedicada ao ensino de Libras associado à Língua Portuguesa. Por fim, Gabriela comenta sobre a existência de atividades extensionistas voltadas para a educação especial, pelas quais há grande procura entre os licenciandos.

Enquanto isso, na instituição em que Luís trabalha, há menor flexibilidade, tendo em vista que a carga horária, os conteúdos e os materiais são predefinidos pela instituição e por uma empresa contratada para a produção dos materiais didáticos. O entrevistado destacou que a disciplina tem um caráter eminentemente teórico, com carga horária de 80 horas, em que são apresentadas questões históricas e conceituais da educação especial. As avaliações de aprendizagem também são essencialmente teóricas. Apesar dessa padronização, o professor afirmou ser possível fazer certas adaptações, como incluir o que considerava necessário ser mais destacado, ou mesmo retirar o que se apresentava como desnecessário ou supérfluo. De acordo com o entrevistado, essa margem de atuação possibilita, também, introduzir recursos avaliativos de caráter mais prático, como abordar as questões políticas, legais e históricas (do currículo oficial) aliadas à construção de propostas pedagógicas inclusivas, ou seja, idealizar e construir materiais didáticos que fossem acessíveis a todos os alunos.

Os relatos parecem confirmar a percepção da falta de uma concepção curricular mais ampla sobre educação especial no Ensino Superior brasileiro. Enquanto algumas instituições articulam a questão às temáticas de inclusão política e social, outras dão enfoque aos seus aspectos formais (legais e históricos). A dimensão do ensino de práticas inclusivas ainda parece estar pouco incorporada nos currículos, e mais ainda nos contextos de formação não presencial mediada por tecnologias. Ou seja, as práticas didáticas desses professores precisam levar em conta a distância física e temporal dos estudantes, uma vez que, nas entrevistas, fica claro que as experiências de mediação didática na EaD são atravessadas pelo contato com as tecnologias de informação e comunicação.

É possível perceber nos relatos que existem pontos positivos em relação ao uso dessas tecnologias. Em consonância, Luís destaca que tanto os alunos como os professores podem ser menos afetados por algumas adversidades, desviando-se menos dos assuntos com conversas paralelas e mantendo o tempo integral da aula. Mesmo com a quantidade reduzida de alunos, a aula acontece da mesma maneira, e quem não conseguiu ver de forma síncrona, pode ver em outro dia, ou em outro momento, de maneira assíncrona, o que também possibilita o melhor aproveitamento do material oferecido e da aula que foi ministrada, pois o aluno tem a oportunidade de rever o que não foi entendido.

Em momentos de aulas síncronas, por exemplo, o professor Luís faz uso de recursos tecnológicos como *slides* e vídeos. Aproveitando-se da praticidade do modelo EaD em relação à simultaneidade de acesso, mesmo que em ambientes diferentes, os entrevistados possuem, como estratégias, o hábito de convidar palestrantes que tratam de assuntos referentes à educação especial e ao Atendimento Educacional Especializado, oriundos de outros municípios, estados e até mesmo outros países.

Assim, tanto a entrevista com o professor Luís quanto o relato da professora Gabriela evidenciam que a utilização de recursos tecnológicos digitais na EaD pode favorecer diferentes aspectos do ensino de práticas inclusivas para futuros professores da Educação Básica. No entanto, a mediação a distância da aprendizagem também incorre em obstáculos. A professora Gabriela salientou que a tecnologia abre brechas para a dispersão. Um exemplo disso é que, como as mulheres são a maioria no Ensino Superior brasileiro, muitas delas são também mães de família que, ao mesmo tempo que estão assistindo às aulas, estão cozinhando, ensinando a seus filhos a atividade de casa, realizando outras tarefas domésticas etc. A entrevistada também manifesta opinião de que, por muitas vezes, o professor, mesmo com muitos alunos *on-line* em uma aula síncrona, sabe que um baixo percentual deles está, de fato, presente. Isso acaba tornando as discussões menos participativas e menos eficazes.

Essas características da EaD reforçam a necessidade do desenvolvimento de estratégias didáticas que assegurem formação adequada aos futuros professores da Educação Básica. Quando perguntados a respeito de como escolhem quais estratégias didáticas utilizar, os docentes confirmam as ausências em sua formação inicial. Essa lacuna é, em parte, superada a partir de experimentações didáticas a fim de construírem um repertório que atenda aos objetivos propostos. A troca de ideias com os colegas de trabalho e cursos de atualização também figuram entre as principais táticas. O entrevistado Luís ressalta que as adaptações são constantes, que dependem da recepção, adequação e muitas vezes da facilidade de execução e entendimento por parte dos alunos. Gabriela também relata a relação com as experiências e refletiu sobre como as dificuldades enfrentadas podem auxiliar na composição de novas estratégias por meio do protagonismo do aluno, também considerando suas especificidades, dificuldades e medindo as intensidades das dinâmicas no momento de aula. A fala do professor Luís é exemplar nesse sentido:

> Então, não são da minha formação de base [*essas estratégias*]. **Muitas coisas que eu faço é por experiência própria**, coisas que eu testei e que foram dando certo, as que não deram fui eliminando. Também **por cursos que eu fui fazendo à parte** e muito também por **contribuições dos colegas**. Na instituição que trabalho, os professores, por já terem experiência com educação a distância, trazem muitas sugestões. Por exemplo, uma colega que trabalha tecnologia me dá dicas e eu fico pensando em como posso levar isso para a minha aula da disciplina de educação inclusiva. [...] Eu consigo adaptar para a minha disciplina, testei e funciona. (Professor Luís, grifos dos autores).

A linha de raciocínio da professora Gabriela corrobora essa ideia: "Você já tem que começar, o seu laboratório é a sala de aula, então você começa a **pesquisar** e fazer **adaptações** do que você encontra na internet e de outros profissionais, **trocas de experiências**" (Professora Gabriela, grifos dos autores).

A professora também relatou que aprecia e utiliza momentos de simulação em que incentiva a prática da leitura labial por parte de seus alunos nos momentos de aula, explorando também outras práticas de estímulos sensoriais dentro dos limites impostos pela modalidade a distância:

> Então assim, eu gosto muito mesmo de fazer simulações com os meninos para eles sentirem na prática, sentir na pele **com** dinâmicas sensoriais onde eles têm que perceber de olhos vendados, eles têm que perceber olfato, tato, paladar, eles têm que guiar o outro (Professora Gabriela, grifos dos autores).

Ou seja, as estratégias de ensino desses professores estão alicerçadas, sobretudo, no saber-fazer da prática (BEZERRA, 2018), uma vez que não aprenderam e nem vivenciaram, segundo seus próprios relatos, processos de formação dos quais pudessem extrair exemplos. Voltando às ideias de Tardif (2010), as experiências retratadas demonstram que os conhecimentos estão além dos saberes adquiridos formalmente, mas também se encontram nas experiências presentes no dia a dia e na troca de habilidades e técnicas entre os profissionais da educação.

Os professores entrevistados consideram que seus alunos, quando estiverem na docência, também precisarão exercitar essas experimentações e adaptações. Essa dimensão pode ser observada na fala do professor Luís:

> Nas disciplinas de educação especial, a gente fala muito sobre as deficiências, sobre possibilidades para cada deficiência, para cada pessoa com aquela deficiência [...]. Mas lá na sala de aula, tudo é muito diferente, e eu não consigo garantir que o aluno, por mais que ele tenha absorvido muito da disciplina, na prática, a experiência dele pode ser muito diferente. Até mesmo porque cada escola age de um jeito [...]. A gente tenta ofertar uma boa base na educação especial inclusiva. Mas [...] cada turma é única. [...] Então para

> você estabelecer uma prática pedagógica, você vai ter que conhecer a turma. Você vai ter de conhecer o aluno, conversar com a família, pegar o PDI [*Plano de Desenvolvimento Individual*]. [...] **Eu acho que isso é o principal, porque, para o aluno, futuro professor, entender que quando ele chegar lá na sala de aula não vai ter uma receita de bolo**, ele já tem noção que o desafio é grande. Porque trabalhar nessa perspectiva da educação especial, a gente sabe que é desafiador [...]. Então eu tento trabalhar muito isso: "Olha, não se desespere: todos os alunos aprendem". Lógico os ritmos de aprendizagem são diferentes, as propostas pedagógicas, metodológicas vão variar de acordo com cada turma de acordo com cada aluno (Professor Luís, grifo dos autores).

Essa ideia também está presente no pensamento da professora Gabriela:

> Então, você vai ter que pegar o seu aluno e dentro da demanda dele, da necessidade dele, fazer as adaptações necessárias. E, na maioria das vezes, são adaptações tão baratas, tão sutis que a gente já faz no dia a dia, só não damos o nome de recursos adaptados. [...] Então, a gente tem que parar de objetificar o ser humano, de querer categorizar. Então todo o surdo vai ser usuário de libras, toda pessoa com deficiência visual, seja cegueira ou baixa visão vai ser *braillista*, toda pessoa com deficiência intelectual eu vou trabalhar de tal forma, toda a pessoa com TEA eu vou trabalhar de tal forma. Não! O que eu percebo quando o pessoal fala assim, "ai, eu não estou preparado", é porque o pessoal da educação quer trazer para a sua conta um olhar do pessoal da saúde dos corpos com deficiência e esse não é o nosso lugar, eu não tenho que saber o que é uma anacusia, o que é decifrar aquela audiometria, é um teste de QI. Dane-se, aquilo é só mais um instrumento. Eu tenho que entender como que é aquele menino, eu vou observar como que ele é, como que ele age com os colegas, como que essa questão dele dentro da família. Porque isso impacta em sala de aula e, a partir disso, eu vou montando minha prática. **Então é baseado nessas experiências, no contato com outros profissionais, que a gente vai construindo esses materiais, mas principalmente no contato com os nossos alunos** (Professora Gabriela, grifos dos autores).

Percebe-se que, segundo esse trecho, mesmo que esteja garantido pela legislação nacional (BRASIL, 1996) que a formação de professores vá ao encontro da perspectiva da educação inclusiva, ainda há obstáculos atitudinais nos licenciandos a serem superados no que se refere ao entendimento da educação como direito subjetivo para o público-alvo da educação especial. Por fim, em diálogo com as DNCs (BRASIL, 2019), cabe aos docentes utilizarem os conhecimentos historicamente construídos para colaborarem na construção de uma sociedade livre, justa, democrática e inclusiva.

CONSIDERAÇÕES FINAIS

Este texto discutiu as estratégias didáticas de docentes de cursos de licenciaturas na modalidade EaD para a formação de professores aptos a trabalharem com educação especial na perspectiva da inclusão. Foi possível inferir que a formação inicial – e, em grande medida, também a formação continuada – de professores no Brasil não explica seus interesses e suas futuras práticas didáticas. Outros elementos parecem ser mais significativos na constituição de seus saberes docentes, especialmente os saberes da experiência.

Sobre a presença das concepções da educação especial no currículo das IES de atuação dos docentes entrevistados, percebe-se que essa temática ainda está pouco institucionalizada na formação de professores, não possuindo um caráter transversal, mas concentrando-se em determinados períodos. Além disso, destaca-se que, diferentemente dos entrevistados, uma nova geração de professores tem sido formada em um processo de curricularização da educação especial.

Apesar disso, embora definidos parâmetros gerais para a formação de professores nas DCNs, a operacionalização dessa formação ainda parece ser disforme entre as IES, sendo que cada instituição enfoca um aspecto da questão, efetivando, assim, um desafio ainda a ser superado para a consolidação nacional de parâmetros fundamentais na formação dos licenciados para a Educação Básica. O desígnio é garantir uma educação especial que seja inclusiva e de qualidade que assegure ao PAEE condições para se apropriar dos conhecimentos historicamente construídos por meio das práticas docentes que saibam reconhecer as potencialidades da(s) experiência(s) na constituição de saberes didáticos.

REFERÊNCIAS

ASSOCIAÇÃO BRASILEIRA DE EDUCAÇÃO A DISTÂNCIA [ABED]. *Censo EAD.BR 2018*: Relatório analítico de aprendizagem a distância. Curitiba: InterSaberes, 2019. Disponível em: http://abed.org.br/arquivos/CENSO_DIGITAL_EAD_2018_PORTUGUES.pdf. Acesso em: 10 fev. 2022.

BARDIN, Laurence. *Análise de conteúdo*. São Paulo: Edições 70, 2016.

BEZERRA, Ricardo J. L. Interpretando a contribuição de Maurice Tardif: reflexões sobre a prática educativa a partir dos saberes curriculares e saberes experienciais docentes. *Revista Diálogo*, n. 19, mar./abr. 2018. Disponível em: http://dx.doi.org/10.13115/2236-1499v2n19p292. Acesso em: 10 fev. 2022.

BRAGA, Daniel S.; PEREIRA, Isabela A. M. Políticas públicas de formação de professores e educação a distância: um caminho para o cumprimento do PNE (?). *Jornal de Políticas Educacionais*, v. 14, n. 33, jul. 2020. Disponível em: http://10.0.21.4/jpe.v14i0.72131. Acesso em: 10 fev. 2022.

BRASIL. Ministério da Educação. Conselho Nacional de Educação. Resolução CNE/CP nº 2, de 20 de dezembro de 2019. Define as Diretrizes Curriculares Nacionais para a Formação Inicial de Professores para a Educação Básica. *Diário Oficial da União*, Brasília, 15 abr. 2020, Seção 1, p. 46-49. Disponível em: http://portal.mec.gov.br/docman/dezembro-2019-pdf/135951-rcp002-19/file. Acesso em: 10 fev. 2022.

BRASIL. Ministério da Educação. Lei nº 9.394, de 20 de dezembro de 1996. Estabelece as diretrizes e bases da educação nacional. (Lei de Diretrizes e Bases da Educação Nacional – LDB). Disponível em: http://www.planalto.gov.br/ccivil_03/leis/l9394.htm. Acesso em: 10 fev. 2022.

FLICK, Uwe. *Desenho da pesquisa qualitativa*. Porto Alegre: Artmed, 2009.

INSTITUTO NACIONAL DE ESTUDOS E PESQUISAS EDUCACIONAIS ANÍSIO TEIXEIRA [INEP]. *Censo da Educação Superior 2019*. Brasília: Inep, 2020. Disponível em: http://www.inep.gov.br/superior/censosuperior/sinopse/default.asp. Acesso em: 10 fev. 2022.

SCHEELE, Brigitte; GROEBEN, Norbert. *Dialog-Konsens-Methoden zur Rekonstruktion Subjektiver Theorien*. Tubingen: Francke, 1988.

SINDICATO DAS ENTIDADES MANTENEDORAS DE ESTABELECIMENTOS DE ENSINO SUPERIOR NO ESTADO DE SÃO PAULO [SEMESP]. *Mapa do ensino superior no Brasil*. 10. ed. São Paulo: Convergência Editorial,

2020. Disponível em: https://www.semesp.org.br/pesquisas/mapa-do-ensino-superior/. Acesso em: 10 fev. 2022.

TARDIF, Maurice. *Saberes docentes e formação profissional.* 10. ed. Petrópolis: Vozes, 2010.

TARDIF, Maurice; LESSARD, Claude. *O trabalho docente*: elementos para uma teoria da docência como profissão de interações humanas. Petrópolis: Vozes, 2005.

ACESSIBILIDADE E INCLUSÃO: EXPERIÊNCIAS DE DIVERSIFICAÇÃO CURRICULAR NA UFMG

Terezinha Cristina da Costa Rocha

INTRODUÇÃO

Neste capítulo será apresentada a Formação Transversal em Acessibilidade e Inclusão, que se trata de uma das experiências de implementação da diversificação curricular, realizada na Universidade Federal de Minas Gerais (UFMG).

Diversos pesquisadores têm analisado os currículos escolares e acadêmicos como um "campo de força". Essa expressão faz referência, principalmente, às diversas tensões estabelecidas nas discussões sobre quais componentes e conteúdos irão estruturar os currículos. Muitas discussões perpassam esse campo, como, por exemplo, questões ideológicas, políticas, sociais, culturais, pragmáticas, prescritivas, entre outras. Contudo, de acordo com Moreira (2002), o currículo é também um campo de posições, estratégias e definições.

A experiência de diversificação curricular apresentada neste capítulo, em alguma medida, foi desenvolvida na contramão das tensões relativas às disputas de espaço nos currículos dos cursos de graduação, pincipalmente pela organização de complementariedade, em uma perspectiva agregadora, dialógica, multifacetada e com contribuições de professores-pesquisadores oriundos de diversos campos do saber. Contudo, é importante ressaltar que essa Formação não deixa de ter uma posição política e social, principalmente ao entendermos a acessibilidade e a inclusão enquanto um *direito*, em oposição a um discurso caritativo ou de um "favor" feito às pessoas com deficiência.

A acessibilidade é um conceito amplo e muito importante nos estudos relativos às pessoas com deficiência. De uma maneira ampla, a acessibilidade corresponde à não existência de barreiras e impedimentos nas dimensões atitudinal, física, tecnológica, comunicacional, metodológica, linguística, pedagógica, entre outras. A Lei Brasileira de Inclusão, em seu Capítulo II, art. 8º, coloca a acessibilidade como um dever do Estado (BRASIL, 2015) e necessária para o exercício dos direitos e das liberdades fundamentais das pessoas com deficiência. Já o conceito de inclusão, além do entendimento sobre o "*estar dentro*" – que supostamente encerraria determinadas vantagens, que não eram até então compartilhadas com outros (CURY, 2005) –, carrega também em sua concepção as dimensões participativa, social, autônoma e cidadã das pessoas com deficiência.

E como trabalhar essas duas dimensões, da acessibilidade e inclusão, na formação de estudantes do Ensino Superior? É possível ampliar esse diálogo para além dos grupos especializados e que inicialmente se interessam pelo tema?

Nessa perspectiva, a Formação Transversal em Acessibilidade e Inclusão da UFMG foi criada como uma possibilidade de diversificação curricular, disponível para todos os estudantes da Universidade.[1] As atividades estão voltadas para os trabalhos realizados *com* e *para* pessoas com deficiência. A Formação abrange a discussão, a reflexão, a análise e a realização de trabalhos que focalizam a promoção da acessibilidade e inclusão nos mais diversos espaços sociais e com contribuições de múltiplas áreas do conhecimento, conforme apresentado a seguir.

AS FORMAÇÕES TRANSVERSAIS NA UFMG

O processo de criação das Formações Transversais na UFMG teve início no ano de 2014, quando o Conselho de Ensino, Pesquisa e Extensão (CEPE) da Universidade instituiu uma Resolução para o funcionamento dessas estruturas formativas voltadas para os cursos de graduação (UFMG, 2014).

Assim, as Formações Transversais ficaram estabelecidas como estruturas de *Formação Complementar*, organizadas em torno de grandes

---

[1] A UFMG conta atualmente com mais de 40 mil alunos, em 91 cursos de graduação e 90 programas de pós-graduação (*cf.* Universidade Federal de Minas Gerais. *Conheça a UFMG*. Disponível em: https://www.ufmg.br/sisu/conheca-a-ufmg/. Acesso em: 10 mar. 2022).

temáticas, para oportunizar aos alunos o aprofundamento dos estudos em uma perspectiva crítica e multifacetada, envolvendo diversos campos do saber. Os docentes, em trabalho conjunto, poderiam apresentar projetos para a criação de novas Formações Transversais a serem analisados pela Pró-Reitoria de Graduação e, se aprovados, implementados no âmbito da Universidade. Ao cursá-las, os estudantes podem extrapolar o que é oferecido pelos seus cursos e participar de atividades oferecidas por professores de diferentes Unidades Acadêmicas da Universidade, que trabalham com perspectivas diversificadas e ao mesmo tempo convergentes em relação à temática de cada Formação (UFMG, 2022).

Com a iniciativa de grupos de docentes de diferentes áreas e Unidades Acadêmicas da UFMG, ao longo dos anos, foram gradativamente constituídas as seguintes Formações Transversais (FTs):

- FT em Saberes Tradicionais (2015);
- FT em Divulgação Científica (2016);
- FT em Relações Étnico-Raciais, História da África e Cultura Afro-Brasileira (2016);
- FT em Culturas em Movimento e Processos Criativos (2016);
- FT em Direitos Humanos (2017);
- FT em Empreendedorismo e Inovação (2017);
- FT em Gênero e Sexualidade: Perspectivas *Queer*-LGBTI (2017);
- **FT em Acessibilidade e Inclusão (2018)**;
- FT em Estudos Internacionais (2019).

Cada Formação Transversal é composta por um conjunto de Atividades Acadêmicas Curriculares (AACs) – ou seja, disciplinas, eventos, projetos e outros formatos –, que formam uma estrutura curricular concernente a uma temática específica.

Os estudantes de graduação podem iniciar seus estudos nas atividades das Formações Transversais a qualquer momento do curso, respeitados os prazos de conclusão da graduação previstos nas Normas Gerais da Graduação[2] da Universidade. Eles podem escolher, por exemplo, atividades em turnos diferentes ao de suas aulas ou mesmo cursá-las no horário destinado às atividades optativas. As atividades cursadas ficam registradas no histórico escolar dos alunos e, ao atingirem a carga-horária

[2] *Cf.* UFMG – Universidade Federal de Minas Gerais. *Normas Gerais da Graduação*. Disponível em: https://ufmg.br/vida-academica/regras-academicas. Acesso em: 10 mar. 2022.

de 300 horas cursadas em uma Formação Transversal, os estudantes de graduação poderão requisitar um certificado, que é concedido pela Pró-Reitoria de Graduação.

O percurso realizado em uma das Formações Transversais pode ser utilizado, pelos estudantes de graduação, para integralizar a carga-horária do núcleo complementar previsto nos cursos de graduação da UFMG, formalizando junto aos seus respectivos colegiados. O núcleo complementar é semelhante às antigas "ênfases", organizadas em muitos cursos de graduação do país. As disciplinas de uma Formação Transversal da UFMG também podem ser cursadas de forma avulsa, para a integralização de créditos do núcleo geral.

Embora sejam voltadas para estudantes de graduação, as Atividades Acadêmicas Curriculares das FTs podem ser cursadas também por estudantes de pós-graduação da Universidade, ficando registradas no histórico acadêmico. Além disso, muitas das atividades permitem a matrícula da comunidade externa, ou seja, podem ser cursadas por pessoas que não possuem vínculo com a UFMG, por meio de matrícula isolada.

Todas as Formações Transversais da UFMG procuram transpor possíveis fronteiras entre áreas do conhecimento, dialogando com grandes questões acadêmico-científicas e sociais, que são de relevância para o país e para a humanidade (UFMG, 2022). Nesse sentido foi criada a FT em Acessibilidade e Inclusão, que será apresentada a seguir.

A FORMAÇÃO TRANSVERSAL EM ACESSIBILIDADE E INCLUSÃO

A motivação para a criação da Formação Transversal em Acessibilidade e Inclusão – que foi implementada na UFMG em 2018 –, deu-se pela necessidade da construção contínua de uma sociedade cada vez mais democrática e que contemple as diferenças. Segundo dados da Organização das Nações Unidas (ONU), aproximadamente 10% da população mundial possui algum tipo de deficiência. No Brasil, seguindo as métricas propostas pela Comissão de Estatística da ONU,[3] a

[3] Metodologia proposta pelo Grupo de Washington para Estatísticas sobre Pessoas com Deficiência (*Washington Group on Disability Statistics – WG*), criado com o intuito de fomentar a cooperação internacional no âmbito das estatísticas de pessoas com deficiência. "O Grupo de Washington busca padronizar e harmonizar definições, conceitos e metodologias de modo a garantir a comparabilidade das estatísticas entre diferentes países. É formado sob a Comissão de Estatística das Nações Unidas e composto por representantes de Institutos Oficiais de Estatística

população total de pessoas com deficiência residentes é composta por 12.748.663 pessoas, o que representa 6,7% do total da população (IBGE, 2018). Este é um dado bastante importante e que toma ainda outras proporções ao considerarmos que grande parte das atividades sociais não estão acessíveis para essa parcela da população. Nos campos do trabalho, da educação, da saúde, do lazer, da cultura e muitos outros, ainda é necessário promovermos a inclusão, rompendo paradigmas e buscando meios de eliminar barreiras de acessibilidade.

As políticas nacionais, no que diz respeito à promoção da acessibilidade e inclusão das pessoas com deficiência, contam com um arcabouço amplo, assegurado na Constituição Federal (BRASIL, 1988), explicitado nos documentos e tratados internacionais assinados pelo Estado brasileiro – como a Conferência Mundial de Educação (UNESCO, 1990) e a Declaração de Salamanca (ONU, 1994) – e ainda assegurado em diversas políticas públicas. Entre essas políticas, a mais recente, e possivelmente a mais ampla, é a Lei Brasileira de Inclusão da Pessoa com Deficiência, também conhecida como *Estatuto da Pessoa com Deficiência* (BRASIL, 2015), que prevê a necessidade da promoção da inclusão nos mais diversos espaços sociais, como os campos da educação, do trabalho, da saúde, da seguridade social, entre outros. Diversos estudos mostram que, apesar de todos os avanços dos últimos anos, em termos de pesquisas científicas e de políticas públicas, ainda existem muitos desafios para que a inclusão das pessoas com deficiência seja contemplada em muitos espaços sociais (DINIZ, 2007; DINIZ; BARBOSA, 2010; DIAS, 2013; GARCÊZ; VAZ, 2020).

No campo da educação, por exemplo, as políticas públicas preveem que o ensino para estudantes com deficiência e altas habilidades ocorra preferencialmente nas escolas comuns, durante todo o processo de escolarização (BRASIL, 2015, 2008; NEVES, RAHME; FERREIRA, 2019). Nesse sentido, a questão da formação de professores para a atuação junto a esse público não se restringe mais àqueles profissionais que iriam atuar nas escolas especiais, pois, no atual contexto, todas as instituições escolares devem obrigatoriamente receber a matrícula e garantir os meios para

---

e organizações representantes da sociedade civil. Como representante oficial do Brasil, o IBGE participa desde o início da formação do grupo, em 2001, acompanhando as discussões e estudos propostos" (IBGE, 2018, p. 02).

que esses alunos sejam incluídos (BRASIL, 2008). Dessa forma, é importante que os professores, de todos os níveis e modalidades de ensino, tenham formação para compreender as especificidades dos processos de ensino para a promoção da inclusão desses estudantes, conforme previsto na Lei de Diretrizes e Bases da Educação Nacional (BRASIL, 1996).

Ao ampliarmos o olhar para outros campos sociais, também temos importantes demandas relacionadas à inclusão de pessoas com deficiência a serem discutidas e implementadas. Alguns desses campos são: a acessibilidade para o trabalhador com deficiência no contexto de instituições públicas e privadas; a realização de atividades físicas; a formação de atletas paralímpicos; as diversas representações das pessoas com deficiência na mídia; o acesso e a acessibilidade em serviços de saúde; os aspectos jurídicos e os direitos das pessoas com deficiência; a formação para o trabalho; o desenvolvimento de tecnologia assistiva; e o rompimento de barreiras para acesso a espaços culturais, como cinemas, museus, bibliotecas, teatros, entre outros.

Em relação à saúde, por exemplo, questões como a dispensação de órteses, próteses e suportes para a mobilidade, a comunicação, o acesso aos serviços de reabilitação e muitas outras demandam atenção. Em termos de mobilidade, a arquitetura universal/acessível, os meios de transporte, espaços de turismo e a mobilidade urbana também precisam ser pensados como inclusivos e acessíveis.

E, por meio desses exemplos, podemos perceber que essa é uma discussão ampla – que envolve discussões sociais, científicas e filosóficas –, o que torna ainda mais importante que esse debate seja contemplado na formação universitária de estudantes dos mais diversos cursos.

OBJETIVOS DA FORMAÇÃO

O objetivo geral da Formação Transversal em Acessibilidade e Inclusão é promover a discussão, a reflexão, a análise e a realização de trabalhos que focalizam a promoção da acessibilidade e inclusão de pessoas com deficiência, abrangendo os mais diversos espaços sociais e com contribuições de múltiplas áreas do conhecimento.

Os objetivos específicos são proporcionar bases para que os estudantes possam:

- conhecer as diferentes perspectivas sobre a deficiência, compreender as facetas do modelo biopsicossocial da deficiência e conhecer as contribuições teóricas interdisciplinares;
- analisar e refletir sobre as diferentes barreiras de acessibilidade nos diversos campos sociais e refletir sobre como rompê-las;
- compreender as diversas dimensões dos direitos das pessoas com deficiência e seus marcos regulatórios;
- conhecer as contribuições do campo da Educação Especial para a promoção da inclusão de estudantes com deficiência e com altas habilidades em todos os níveis e modalidades de ensino;
- pensar e desenvolver proposições relativas ao processo de inclusão de pessoas com deficiência em diferentes contextos sociais, como trabalho, educação, lazer, saúde, mídia, cultura, esportes, direito, artes, tecnologias, entre outros;
- conhecer o movimento social das pessoas com deficiência, sobretudo o seu histórico, conquistas, marcos e demandas ainda em pauta; e
- refletir e pensar, interdisciplinarmente, sobre propostas que contribuam para a acessibilidade e inclusão de pessoas com deficiência.

Todos esses objetivos, de algum modo, foram estabelecidos a partir da contribuição de diversos docentes da Universidade e foram traduzidos na estruturação curricular que será apresentada a seguir.

O CORPO DOCENTE E A ESTRUTURAÇÃO CURRICULAR

A Formação Transversal em Acessibilidade e Inclusão oferta Atividades Acadêmicas Curriculares (AACs) todos os semestres, de forma contínua nas AACs em que for possível, ou de forma alternada, em rodízio entre os docentes. Cada disciplina que compõe de forma fixa a estrutura curricular é ofertada pelo menos uma vez a cada dois anos, já as atividades de *Tópicos de Ementa Variável* são ofertadas de acordo com as condições de oferta.

Os professores que compõem a Formação Transversal em Acessibilidade e Inclusão são oriundos de 11 diferentes Unidades Acadêmicas da UFMG, formando um grupo com mais de 40 docentes, os quais trabalham de maneira individual ou conjunta para a oferta de uma mesma atividade. As áreas/departamentos de origem desses professores são: Arquitetura, Belas Artes, Comunicação Social, Direito, Educação, Educação Física, Engenharia, Fisioterapia, Fonoaudiologia, Geografia, Jornalismo, Letras, Medicina, Música, Odontologia, Psicologia e Terapia Ocupacional.

Em relação à organização curricular, as seguintes AACs, no formato de disciplinas, compõem a estrutura curricular de maneira fixa:

1. Fundamentos de Educação Especial e Inclusiva 2. História da Deficiência e o Processo de Inclusão 3. Currículo na Educação Especial: políticas e práticas 4. Teoria da Atividade Física Adaptada 5. Fundamentos da Educação Musical Especial e Inclusiva 6. Fundamentos da Musicoterapia 7. Transtorno do Espectro do Autismo: recursos para Inclusão Escolar 8. Saúde da Pessoa com Deficiência 9. Fundamentação Neuropsicológica da Música 10. Comunicação Alternativa e Tecnológica Assistiva 11. Mídia, Deficiência, Corpo e Acessibilidade 12. Aprendizagem da Leitura e da Escrita na Educação Inclusiva	13. Deficiência intelectual e processos de escolarização 14. Funcionalidade e Comunicação da Criança e Adolescente 15. Tecnologia Assistiva 16. Fundamentos da educação de surdos 17. Políticas educacionais para surdos e para a diversidade 18. Estratégias para o ensino inclusivo na escola regular 19. Ensino Colaborativo e Inclusão Escolar 20. Dinâmica de Sala de Aula e Processos Inclusivos 21. Dança e Diferença 22. Diálogos Sobre Acessibilidade e Inclusão 23. Experiências Afetivas em Acessibilidade e Inclusão 24. Projetos e Inovações em Engenharia de Reabilitação e Tecnologias Assistivas

Além das disciplinas elencadas acima, a estrutura curricular conta com quatro disciplinas de "Tópicos em Acessibilidade e Inclusão", sendo elas organizadas em 15, 30, 45 e 60 horas. Por meio desses tópicos, os professores podem ofertar conteúdos não previstos de maneira fixa e ainda propor atividades de oferta única, como, por exemplo, disciplinas organizadas para o recebimento de professores convidados de outras instituições nacionais ou internacionais.

DIÁLOGOS COM OUTRAS INICIATIVAS DE INCLUSÃO DA UNIVERSIDADE

Outra característica importante da Formação Transversal em Acessibilidade e Inclusão é o diálogo com as políticas de inclusão da Universidade. A UFMG tem demonstrado um compromisso social e se debruçado sobre essa temática a partir de diversas iniciativas, desde a prestação de serviços de inclusão e acessibilidade para as pessoas com deficiência nos espaços acadêmicos, até a elaboração de políticas de democratização do acesso para esse público. Esse trabalho tem sido realizado por meio de iniciativas, como, por exemplo, a criação do Núcleo de Acessibilidade e Inclusão (NAI) em 2014, a institucionalização dos serviços de apoio à permanência estudantil feitos pela Pró-Reitoria de Assuntos Estudantis (PRAE) criada em 2014 e, também, pela implementação de cotas de acesso para estudantes com deficiência que passou a vigorar na Universidade em 2018 (VAN PETTEN; ROCHA; BORGES, 2018; CASTILHO *et al.*, 2020).

As cotas de acesso para estudantes com deficiência atendem a uma política nacional específica. No ano de 2016, foi publicada a Lei nº 13.409, que alterou a já existente Lei nº 12.711 de 2012, conhecida como Lei de Cotas. A Lei anterior previa que as instituições federais de Educação Superior reservassem o mínimo de 50% das vagas em seus cursos para estudantes que frequentaram, integralmente, o Ensino Médio na rede pública e que se declaravam pretos, pardos ou indígenas. Com a nova Lei, de 2016, além dos cursos de nível superior, a reserva de vagas também passou a ser aplicada aos cursos técnicos de nível médio e passaram a ser incluídos na reserva de vagas, também, estudantes com deficiência, dentro da porcentagem destinada aos estudantes que se encaixassem no perfil das cotas (BRASIL, 2016).

Aspectos como a renda familiar, o Ensino Médio cursado em escola pública e a identificação étnico-racial (autodeclarados pretos, pardos ou indígenas) são interseccionalidades consideradas no processo de reserva de vagas para estudantes com deficiência (PETTEN; ROCHA; BORGES, 2018).

Nesse sentido, visando discutir e difundir entre os estudantes essas políticas institucionais, a Formação Transversal em Acessibilidade e Inclusão aborda as ações realizadas, desenvolve parcerias com os diferentes setores e soma-se às políticas nacionais e às políticas internas da

UFMG. Nesse sentido, a Formação Transversal busca trabalhar o "tripé universitário", ou seja, o *ensino*, a *pesquisa* e a *extensão*, visando à formação dos estudantes como futuros profissionais atentos às demandas de acessibilidade e inclusão.

CONSIDERAÇÕES FINAIS

Ao cursarem a Formação Transversal em Acessibilidade e Inclusão, os estudantes têm a oportunidade de conhecer, refletir e analisar: as diversas dimensões dos direitos das pessoas com deficiência; o histórico dos movimentos sociais; os marcos regulatórios; a discussão do processo de inclusão em diferentes contextos sociais (trabalho, educação, lazer, direito, saúde, esportes, artes, cultura); as especificidades das experiências que envolvem as pessoas com deficiência; bem como os aspectos interdisciplinares que permeiam esse campo de estudos. Além disso, o intuito da Formação é que os estudantes tenham a oportunidade de realizar práticas voltadas para o planejamento e a execução de intervenções na perspectiva da promoção da inclusão. Nesse sentido, a perspectiva é de ampliar essa discussão, somar ações, incentivar a interlocução com diferentes áreas do conhecimento e formar profissionais que respeitem as diferenças e possam contribuir para uma sociedade inclusiva e mais justa.

A cada ano, a Formação tem contado com mais de 500 matrículas de estudantes da UFMG e ainda recebe matrículas isoladas da comunidade externa. O intuito é que os egressos da Formação Transversal em Acessibilidade e Inclusão desenvolvam perspectivas teórico-críticas e habilidades práticas para a promoção da inclusão de pessoas com deficiência, considerando diferentes áreas do saber e, sobretudo, em seus próprios campos de atuação. Além disso, a difusão desse trabalho possivelmente pode se tornar um modelo ou inspiração para os trabalhos de outras instituições.

REFERÊNCIAS

BRASIL. Constituição (1988). *Constituição da República Federativa do Brasil*. Brasília: Senado, 1988.

BRASIL. *Lei nº 13.146*, de 06 de julho de 2015. Institui a Lei Brasileira de Inclusão da Pessoa com Deficiência (Estatuto da Pessoa com Deficiência). Brasília: Casa Civil, 2015.

BRASIL. *Lei nº 9.394*, de 20 de dezembro de 1996. Estabelece as Diretrizes e Bases da Educação Nacional – LDB. Brasília: Casa Civil, 1996.

BRASIL. *Política Nacional de Educação Especial na Perspectiva da Educação Inclusiva*. Disponível em: http://portal.mec.gov.br/arquivos/pdf/politicaeducespecial.pdf 2008. Acesso em: 19 out. 2020.

BRASIL. Lei nº 13.409, de 28 de dezembro de 2016. Altera a Lei nº 12.711, de 29 de agosto de 2012, para dispor sobre a reserva de vagas para pessoas com deficiência nos cursos técnico de nível médio e superior das instituições federais de ensino. Brasília, *Casa Civil* - Subchefia para Assuntos Jurídicos, 2016.

CASTILHO, Lia Silva de *et al.* Experiência de uma disciplina da Odontologia da UFMG na Formação Transversal em Acessibilidade e Inclusão. *Revista Docência do Ensino Superior*, Belo Horizonte, v. 10, p. 1-15, 2020.

CURY, Carlos Roberto Jamil. Políticas inclusivas e compensatórias na educação básica. *Cadernos de Pesquisa*, v. 35, n. 124, p. 11-32, 2005.

DIAS, Adriana. Por uma genealogia do capacitismo: da eugenia estatal à narrativa capacitista social. *In*: SIMPÓSIO INTERNACIONAL DE ESTUDOS SOBRE A DEFICIÊNCIA, 1. São Paulo. *Anais*... São Paulo: SEDPcD/Diversitas/USP, 2013.

DINIZ, Débora. *O que é Deficiência*. São Paulo: Brasiliense, 2007.

DINIZ, Débora; BARBOSA, Lívia. Direitos Humanos e as pessoas com deficiência no Brasil. *In*: Gustavo Venturi (Org.). *Direitos Humanos*: percepções da opinião pública – análises de pesquisa nacional. Brasília: Secretaria de Direitos Humanos, 2010. p. 201-218.

GARCÊZ, Regiane Lucas; VAZ, Daniela. Modelos de Deficiência e Funcionalidade. *In*: DIÁLOGOS sobre acessibilidade e inclusão. Belo Horizonte: UFMG, 2020. Disponível em: https://www.youtube.com/watch?v=ML7C7NJ6MjE&t=6s. Acesso em: 5 jan. 2021.

IBGE. *Nota técnica 01/2018*. Releitura dos dados de pessoas com deficiência no Censo Demográfico 2010 à luz das recomendações do Grupo de Washington. Brasília: IBGE/Diretoria de Pesquisas, 2018.

MOREIRA, Antônio Flavio Barbosa. O campo do currículo no Brasil: construção no contexto da ANPED. *Cadernos de Pesquisa*, n. 117, p. 81-101, 2002.

NEVES, Libéria Rodrigues; RAHME, Mônica Maria Farid; FERREIRA, Carla Mercês da Rocha J. Política de Educação Especial e os Desafios de uma Perspectiva Inclusiva. *Educação & Realidade*, v. 44, n. 1, 2019.

ONU. *Declaração de Salamanca*: sobre princípios, políticas e práticas na área das necessidades educativas especiais. Espanha-Salamanca, 1994.

UFMG – Universidade Federal de Minas Gerais. Conheça a UFMG. *Formação Transversal.* Disponível em: https://www.ufmg.br/prograd/formacao-transversal/. Acesso em: 10 mar. 2022.

UFMG – Universidade Federal de Minas Gerais. Conheça a UFMG. *Resolução nº 19/2014*, de 07 de outubro de 2014. Regulamenta a oferta de "Formação Transversal" aos alunos dos cursos de graduação da UFMG. Belo Horizonte: UFMG/CEPE, 2014.

UNESCO. *Declaração Mundial sobre Educação para Todos*: satisfação das necessidades básicas de aprendizagem. Jomtien: UNESCO, 1990.

VAN PETTEN, Adriana Maria Valladão Novais; ROCHA, Terezinha Cristina da Costa; BORGES, Adriana Araújo Pereira. Política de Cotas na Universidade Federal de Minas Gerais: uma análise do perfil dos alunos com deficiência. *Revista Diálogos e Perspectivas em Educação Especial*, v. 5, n. 1, p. 127-140, 2018.

MUNICÍPIOS COM ESCOLAS EM ASSENTAMENTO EM MINAS GERAIS: UM PANORAMA DAS MATRÍCULAS DA EDUCAÇÃO ESPECIAL

Taísa Grasiela Gomes Liduenha Gonçalves
Esther Aparecida Pantoja de Freitas Oliveira
Welder Rodrigo Vicente

INTRODUÇÃO

O direito à educação escolar precisa ser discutido no Brasil, diante das desigualdades sociais históricas. Exemplifica-se com a realidade vivenciada pelos povos do campo com a precariedade no atendimento educacional (CAIADO; MELETTI, 2011). A situação torna-se mais complexa para os estudantes da Educação Especial, considerados aqueles que apresentam alguma deficiência, transtornos globais de desenvolvimento e altas habilidades ou superdotação (BRASIL, 2013).

A Educação Especial no estado de Minas Gerais apresenta marcos históricos de segregação, filantropia e manutenção de instituições especiais (KASSAR, 2013; GONÇALVES, 2020). Barbosa e Borges (2019) elucidam a década de 1930 com a criação, em 1932, da Sociedade Pestalozzi de Minas Gerais (SPMG), idealizada pela psicóloga russa Helena Antipoff. As autoras explicam que a SPMG se organizou no entrelaçamento entre filantropia e poder público, e dentre suas ações destacam-se o apoio às classes especiais mineiras, o Consultório Médico Pedagógico, a Associação de Assistência ao Pequeno Jornaleiro e o Instituto Pestalozzi. Em 1933, foram criadas as classes especiais no sistema público de educação no estado de Minas Gerais, e as crianças com deficiência passaram a frequentar o sistema de ensino encaminhadas por hospitais psiquiátricos ou por escolas.

Além disso, na década de 1940, foram iniciados os atendimentos no Complexo do Rosário na zona rural no município de Ibirité, que funcionou também como internato, atendendo crianças com e sem deficiências (BARBOSA; BORGES, 2019). Segundo Rafante (2006), a educação na Fazenda do Rosário tinha como objetivo preparar os alunos para o trabalho agrícola. Diferentemente do conceito de Educação Rural da época, a Educação do Campo foi sendo construída pelos movimentos sociais e pelo povo campesino, assegurada como direito e direcionada aos agricultores familiares, extrativistas, pescadores artesanais, ribeirinhos, assentados e acampados da Reforma Agrária, quilombolas, caiçaras, indígenas e outros (BRASIL, 2010). Essa modalidade tem como objetivo a universalização escolar para todos os níveis da Educação Básica, bem como estar vinculada às peculiaridades da vida rural de cada região do país (BRASIL, 2013). Apesar da conquista do direito à educação assegurado aos camponeses, Ferraro (2012) explica que os índices de analfabetismo dessa população estão diretamente ligados à raiz latifundiária.

Quando direcionamos a discussão para a interface Educação Especial e Educação do Campo, aludimos que "[...] estamos inserindo os sujeitos com deficiência, suas famílias e as organizações sociais às quais pertencem como capazes de participar da construção de um projeto de escola que possa dialogar com suas demandas como sujeitos de direitos. São muitos os desafios [...]" (GONÇALVES; RAHME; ANTUNES- ROCHA, 2018, p. 472).

Nesse contexto, Bicalho, Silva e Damasceno (2018) afirmam que ainda há invisibilidade do público da Educação Especial que vive no campo. Segundo esses autores, os estudantes da Educação Especial vivem uma "dupla privação", já que possuem um histórico de conflitos e marginalização por não terem acesso a uma reforma agrária justa, tampouco políticas públicas de incentivo ao trabalho e vida digna no campo. "As pessoas com deficiência que vivem nessas famílias têm sobreposta essa marginalização da condição da deficiência, que fica mais acentuada não só pelo preconceito, mas pela ausência de saúde, de habitação, de transporte adequado e de escolarização" (BICALHO; SILVA; DAMASCENO, 2018, p. 492).

Para este estudo, destacamos entre essas áreas rurais, as regiões de reforma agrária, conhecidas como assentamentos rurais, que surgiram como uma forma de minimizar a concentração fundiária monopolizada e garantir o acesso à terra para os trabalhadores rurais e suas famílias. Elegeu-se como problema de pesquisa: quais escolas de assentamentos mineiros apresentam matrículas de alunos da Educação Especial?

Assim, o objetivo desta pesquisa foi identificar os municípios que possuem escolas em áreas de assentamento e que apresentam matrículas de alunos da Educação Especial no estado de Minas Gerais no ano de 2020.

UM BREVE PANORAMA SOBRE OS ASSENTAMENTOS EM MINAS GERAIS

O Ministério da Agricultura, Pecuária e Abastecimento (BRASIL, 2020), define os assentamentos de reforma agrária como um conjunto de unidades agrícolas, instaladas pelo Instituto Nacional de Colonização e Reforma Agrária (INCRA) em um imóvel rural, com o objetivo de atender as famílias de agricultores e trabalhadores rurais que não possuem condições econômicas para adquirir um imóvel na zona rural (BRASIL, 2020).

Para Leite (2012, p. 111), a expressão assentamento rural refere-se a "[...] transferência e a alocação de determinado grupo de famílias de trabalhadores rurais sem-terra (ou com pouca terra) em algum imóvel rural específico, visando à constituição de uma nova unidade produtiva em um marco territorial diferenciado [...]". Ainda segundo Leite (2012, p. 111), no Brasil, o termo assentamento esteve atrelado a duas ideias principais, sendo a primeira a delimitação de um "novo" espaço criado por uma intervenção estatal, e a segunda, as características de uma série de movimentos sociais e lutas pela conquista da terra exercidas pelos trabalhadores rurais.

De acordo com Gonçalves (2014), embora os assentamentos se constituam por meio de luta dos trabalhadores pela reforma agrária, há distintas configurações desse espaço pelo país. Logo, os assentamentos são espaços diversos, que possuem suas próprias histórias, características e complexidades constituídas por meio de lutas e conquistas de um povo que constantemente resiste e luta pela sobrevivência por meio do trabalho rural.

Dito isso, para compreender a origem dos primeiros assentamentos brasileiros é preciso analisar, anteriormente, o processo histórico de construção socioeconômica da nossa sociedade. De acordo com Gonçalves (2014, p. 111), a história "nos ajuda compreender as atrocidades que ocorreram em nosso país desde a chegada dos portugueses", bem como seus impactos na sociedade atual.

Lucas e Vale (2014, p. 7) também salientam "os diversos problemas enfrentados pela agricultura camponesa no Brasil, onde persistem barreiras criadas pelo atual sistema de agricultura capitalista de mercado, além das imposições ideológicas trazidas consigo".

Ainda de acordo com Lucas e Vale (2014), a questão agrária remete ao conceito de concentração de propriedade fundiária, que teve origem desde a época colonial, caracterizando-se até os dias atuais por meio de um empreendimento mercantil ligado diretamente ao sistema capitalista de produção.

No que diz respeito ao estado de Minas Gerais, vale destacar o histórico da intensa exploração de ouro e de pedras preciosas na sua região durante o século XVIII. Lucas e Vale (2014) afirmam que no estado houve um processo de constituição agrária a partir da agropecuária. Em decorrência da concentração fundiária se beneficiando da exploração e extrema pobreza, movimentos sociais lutaram pela reforma agrária.

O *site* oficial do Movimento dos Trabalhadores Rurais Sem Terra (MST)[1] informa que as primeiras manifestações no estado de Minas Gerais foram a partir de 1988, com a ocupação realizada por 400 famílias na fazenda Aruega, no município Novo Cruzeiro, localizado na região do Jequitinhonha. Atualmente, o movimento é formado por cerca de cinco mil famílias pelo estado, sendo que duas mil já estão em situação de assentamento em pelo menos 42 áreas conquistadas. "Essa ocupação possibilitou a mobilização da sociedade civil e religiosa de todo o Estado, em favor da desapropriação da fazenda. Mesmo com a repressão imposta aos trabalhadores, foi implantado o primeiro assentamento do MST no Estado" (COELHO *et al.*, 2007, p. 13).

De acordo com Freitas (2012), em Minas Gerais, a maioria dos assentamentos existentes no período de 1985 a 2011 se formou pela desapropriação ou regularização/reconhecimento, embora ainda haja também as modalidades de compra, doação e transferência, mesmo estas representando pouca expressividade.

[1] Disponível em: mst.org.br.

A mobilização desses grupos sociais é essencial na busca pela conquista do acesso à terra. Lucas e Vale (2014) ressaltam como esses movimentos são importantes para manter o exercício do poder público nas políticas voltadas para os povos do campo, além de garantir a manutenção necessária para o desenvolvimento dos assentamentos e a permanência do povo campesino a partir do trabalho rural.

Porém, não podemos esquecer que a conquista da terra é ainda só um dos primeiros passos para a reforma agrária. Para atingir tal objetivo, é preciso resgatar as lutas do passado e fortalecer a resistência do presente para garantir um melhor futuro nos assentamentos e dos assentados (LUCAS; VALE, 2014).

Diante dessa breve síntese, o próximo passo será apresentar os procedimentos metodológicos, para posteriormente indicarmos o mapeamento das matrículas dos alunos da Educação Especial em escolas de Assentamento no estado de Minas Gerais no ano de 2020.

METODOLOGIA

Werle, Koetz e Martins (2015) destacam que os indicadores podem ser utilizados como referência de um padrão que se deseja alcançar ou sinalizar as condições específicas de um grupo ou do sistema escolar de uma determinada região, por exemplo. Além do mais, podem contribuir para a análise da efetivação das gestões e políticas públicas. Isso se torna essencial à medida que, por meio deles, podemos refletir e analisar a realidade educacional brasileira. Além disso, "[...] é inegável que sem dados de natureza quantitativa muitas questões sociais/educacionais não poderiam ser dimensionadas, equacionadas e compreendidas, algumas não seriam mesmo levantadas" (GATTI, 2004, p. 26).

Gatti (2004) afirma que, para utilizar os métodos quantitativos, é necessário considerar dois aspectos, sendo o primeiro deles reconhecer que os números, as frequências e as medidas delimitam as operações que podem ser realizadas nas pesquisas e evidenciam seu alcance. Já o segundo aspecto envolve as perguntas e a qualidade teórica do pesquisador, visto que são estas as responsáveis por guiar as análises e interpretações deste. "Em si, tabelas, indicadores, testes de significância, etc., nada dizem. O significado dos resultados é dado pelo pesquisador em função de seu estofo teórico" (GATTI, 2004, p. 13).

Assim, para a efetivação desta pesquisa, realizou-se a coleta e o tratamento dos Microdados do Censo Escolar disponibilizado para *download* pelo *site* do Instituto Nacional de Estudos e Pesquisas Educacionais Anísio Teixeira (INEP) do ano de 2020. Elegeu-se esse ano pelo fato de conter os dados mais recentes da Educação Básica no momento deste estudo.

Para o tratamento dos dados, foi utilizado o *Software IBM SPSS Statistics* (*Statistical Package for the Social Science*) com a função de *select case* dos dados da região Sudeste, e usadas as variáveis "Código da unidade federativa da escola" (CO_UF = 31) e "Localização diferenciada da escola" (TP_LOCALIZACAO_DIFERENCIADA = 1), para selecionar os casos exclusivos de matrículas em áreas de Assentamentos do estado de Minas Gerais. Também foi utilizada a variável "Código do Município da escola" (CO_MUNICIPIO) para analisar quais municípios do estado possuem áreas de assentamento.

Em seguida, verificamos a frequência das matrículas de estudantes da Educação Especial (IN_NECESSIDADE_ESPECIAL), para identificar a quantidade de estudantes nessas localizações. Por fim, procuramos verificar a quantidade de matrículas segundo as deficiências, autismo e superdotação: baixa visão (IN_BAIXA_VISAO), cegueira (IN_CEGUEIRA), deficiência auditiva (IN_DEF_AUDITIVA), deficiência física (IN_DEF_FISICA), deficiência intelectual (IN_DEF_INTELECTUAL), surdez (IN_SURDEZ), surdocegueira (IN_SURDOCEGUEIRA), deficiência múltipla (IN_DEF_MULTIPLA), autismo (IN_AUTISMO) e superdotação (IN_SUPERDOTACAO).

RESULTADO E DISCUSSÃO

Identificou-se que, no estado de Minas Gerais, no ano de 2020, havia 8.679 matrículas gerais em escolas de assentamento, em outras palavras: esse total representa 0,2% das matrículas em escolas campesinas no estado. Esse percentual converge com a história recente da reforma agrária em Minas.

Além disso, ressaltam-se as dificuldades da vida no campo, como a precariedade ou ausência de transporte escolar, não garantindo aos alunos assentados o acesso à escola. Gonçalves, Rahme e Antunes-Rocha (2018) alertam que é preciso analisar com atenção o contexto da oferta escolar no campo, bem como das regiões de localização diferenciada.

Verificou-se a existência de 188 matrículas da Educação Especial em escolas em assentamento no estado. É importante destacar que "a maioria de pessoas com deficiência no país ainda vive sem acesso à educação, sendo que com as precárias condições de vida no campo esse acesso é ainda menor" (CAIADO; MELETTI, 2011, p. 102). No entanto, também é valido indicar que houve um pequeno aumento no número de matrículas desse público em áreas de assentamento em relação ao ano de 2017, conforme apresentado por Gonçalves, Rahme e Antunes-Rocha (2018), e que esse aumento pode estar relacionado ao processo de luta coletiva para a efetivação desse direito.

Com enfoque na localização das matrículas de alunos da Educação Especial segundo os municípios com assentamentos, apresenta-se a Tabela 1.

Tabela 1 – Matrículas da Educação Especial segundo os municípios que apresentaram escolas em áreas de assentamento em Minas Gerais (2020)

Municípios (MG)	Nº total de alunos da EE	Baixa visão	Cegueira	DA	DF	DI	Surdez	Surdocegueira	DM	Autismo	Superdotação
Vale do Jequitinhonha											
Chapada do Norte	1	0	0	0	1	1	0	0	1	0	0
Felisburgo	1	0	0	0	1	1	0	0	1	0	0
Novo Cruzeiro	5	0	0	0	0	5	0	0	0	0	0
Padre Paraíso	3	0	0	0	0	3	0	0	0	1	0
Total por região	**10**	**0**	**0**	**0**	**2**	**10**	**0**	**0**	**2**	**1**	**0**
Noroeste de Minas											
Arinos	7	0	0	1	1	7	0	0	1	0	0
Bonfinópolis de Minas	1	0	0	0	0	1	0	0	0	0	0
Buritis	4	2	0	0	0	2	0	0	0	0	0
João Pinheiro	6	0	0	1	0	6	0	0	1	0	0
Natalândia	5	1	0	1	0	3	0	0	0	0	0
Paracatu	15	0	0	0	0	14	0	0	0	1	0
Unaí	3	0	0	0	1	2	0	0	0	0	0
Total por região	**41**	**3**	**0**	**3**	**2**	**35**	**0**	**0**	**2**	**1**	**0**

Norte de Minas											
Chapada Gaúcha	1	0	0	0	0	1	0	0	0	0	0
Coração de Jesus	14	0	0	0	2	14	0	0	2	2	0
Jaíba	43	0	0	3	9	36	0	0	7	5	0
Matias Cardoso	5	1	0	0	0	4	0	0	0	0	0
Montes Claros	3	0	0	0	0	3	0	0	0	0	0
Rio Pardo de Minas	1	0	0	0	0	1	0	0	0	1	0
Santa Fé de Minas	1	0	0	0	0	0	0	0	0	1	0
São Romão	28	2	0	0	0	26	0	0	0	0	0
Total por região	**96**	**3**	**0**	**3**	**11**	**85**	**0**	**0**	**9**	**9**	**0**
Triângulo Mineiro											
Campina Verde	1	0	0	0	0	1	0	0	0	0	0
Ibiá	4	0	0	0	0	4	0	0	0	0	0
Total por região	**5**	**0**	**0**	**0**	**0**	**5**	**0**	**0**	**0**	**0**	**0**
Vale do Mucuri											
Teófilo Otoni	1	0	0	0	0	1	0	0	0	0	0
Total por região	**1**	**0**	**0**	**0**	**0**	**1**	**0**	**0**	**0**	**0**	**0**
Vale do Rio Doce											
Coluna	2	1	0	1	0	0	0	0	0	0	0
Dores de Guanhães	3	0	0	0	1	2	0	0	0	1	0
Governador Valadares	1	0	0	0	0	1	0	0	0	0	0
São José da Safira	24	0	0	0	0	19	2	0	0	1	2
Tumiritinga	5	1	0	0	2	3	0	0	1	0	0
Total por região	**35**	**2**	**0**	**1**	**3**	**25**	**2**	**0**	**1**	**2**	**2**
Total por estado	188	8	0	7	18	161	2	0	14	13	2

Fonte – Elaboração dos autores com base nos microdados do Inep (BRASIL, 2020)[2].

As matrículas de alunos com deficiência intelectual foram predominantes (85,6%). De acordo com Gonçalves, Torres e Silva (2021, p. 100), esse dado pode "indicar ainda uma tendência de patologização

[2] Legenda: EE: Educação Especial; DA: deficiência auditiva; DF: deficiência física; DI: deficiência intelectual; DM: deficiência múltipla.

do diferente e da visão reducionista desses estudantes nas instituições em que estão matriculados".

Carvalho (2006) aponta que a marginalização escolar das pessoas com deficiência intelectual pode estar ligada às práticas pedagógicas que desconsideram o desenvolvimento de cada pessoa, uma vez que "[...] os sujeitos com deficiência intelectual carregam ainda hoje estigmas limitantes com relação as suas possibilidades e potencialidades de aprendizagem e desenvolvimento" (ALLES *et al.*, 2019, p. 376).

Ademais, essa perspectiva também pode estar associada ao estigma de que o sujeito camponês é atrasado, ao contrário de moderno, e fraco, uma ideia que imagina esse sujeito como um "Jeca Tatu" (ARROYO; FERNANDES, 1999).

É válido destacar que

> Um número tão alto de matrículas de estudantes com DI não poderia nos indicar uma dificuldade da escola do campo em inserir os sujeitos que apresentam alguma dificuldade de aprendizagem nos seus processos educativos? Seriam esses diagnósticos indicativos de dificuldades que surgem em decorrência das metodologias empregadas, da distância da escola e da vida no campo? Essas são, a nosso ver, indagações necessárias (GONÇALVES; RAHME; ANTUNES-ROCHA, 2018, p. 481).

A região Norte representou 51% das matrículas da Educação Especial em assentamentos, sendo que os municípios de Jaíba e São Romão concentraram juntos 37,7% dessas matrículas no estado. Observa-se também que o número de matrículas de estudantes com deficiência intelectual nos dois municípios, juntos, correspondeu a 64,6% do total de matrículas da região.

Identificou-se que a região Noroeste apresentou 21,8% das matrículas de alunos da Educação Especial em escola de assentamento, sendo a segunda maior proporção no estado. Paracatu teve a maior representatividade, 36,6% das matrículas.

A região do Vale do Rio Doce apresentou 18,6% das matrículas de alunos da EE; o Vale do Jequitinhonha correspondeu a 5,3%; Triângulo Mineiro, 2,6%; e o Vale do Mucuri apresentou apenas uma matrícula, especificamente de um aluno com deficiência intelectual.

No município de Novo Cruzeiro, onde foi instalado o primeiro assentamento no estado, identificou-se a matrícula de cinco alunos da Educação Especial, correspondendo à deficiência intelectual.

Outros dados foram a inexistência de matrículas de alunos cegos e surdocegos; e que a porcentagem de alunos com deficiência física correspondeu a 9,5%, deficiência múltipla 7,4%, autismo 6,9%, baixa visão 4,2%, deficiência auditiva 3,7%, surdez 1% e superdotação 1%, nas escolas de assentamento no estado de Minas Gerais em 2020.

CONSIDERAÇÕES FINAIS

Neste estudo inicial, realizou-se um mapeamento das matrículas dos alunos da Educação Especial em municípios mineiros que possuíam escolas em áreas de assentamento no ano de 2020.

A região Norte do estado apresentou 51% das matrículas da Educação Especial em áreas de assentamento, seguida pela região Noroeste (21,8%), Vale do Rio Doce (18,6%), Vale do Jequitinhonha (5,3%), Triângulo Mineiro (2,6%) e Vale do Mucuri (1 matrícula). Diante desses dados, questiona-se: as pessoas com deficiência que vivem no campo estão "invisíveis" e ainda sem o acesso às escolas, ou estão se deslocando para as escolas da cidade?

Identificou-se a predominância de matrículas de alunos com deficiência intelectual (85,6%) do total de estudantes da Educação Especial em assentamentos no estado. Pergunta-se: como tem sido a identificação e o diagnóstico dessas pessoas? Como são as concepções e as relações sociais acerca da deficiência intelectual no campo?

Por fim, destaca-se que este estudo não pretendeu esgotar as discussões a respeito dessas interfaces. A intenção foi demonstrar e problematizar, por meio de dados quantitativos, a situação de pessoas da Educação Especial no Campo, fomentando a discussão sobre o direito, o acesso, a permanência e a apropriação da educação formal, bem como o incentivo de políticas públicas.

AGRADECIMENTOS

Ao Programa Institucional de Bolsas de Iniciação Científica PIBIC/CNPq (edital 05/2021) e à FAPEMIG (edital 01/2018- Demanda Universal) com o financiamento do projeto de pesquisa: "A educação especial no estado de Minas Gerais (2007-2017)".

REFERÊNCIAS

ALLES, Elisiane Perufo *et al.* (Re)significações no Processo de Avaliação do Sujeito Jovem e Adulto com Deficiência Intelectual. *Revista Brasileira de Educação Especial.* Marília, v. 25, n. 3, p. 373-388, jul.-set. 2019. Disponível em: https://www.scielo.br/j/rbee/a/PpqPsvvqHqDVQCCDdprWxcc/?format=pdf&lang=pt. Acesso em: 17 jan. 2022.

ARROYO, Miguel Gonzalez; FERNANDES, Bernardo Mançano. A educação básica e o movimento social do campo. Brasília: Articulação Nacional Por Uma Educação Básica do Campo, 1999. (Coleção: *Por uma Educação Básica do Campo*, n. 2, Conferência Nacional: Por uma Educação Básica do Campo. 1998). Disponível em: http://portal.mec.gov.br/secad/arquivos/pdf/educacaodocampo/edbasicapopular.pdf Acesso em: 16 jan. 2022.

BARBOSA, Esther Augusta Nunes; BORGES, Adriana Araújo Pereira. Helena Antipoff e a Sociedade Pestalozzi de Minas Gerais: filantropia e ciência em prol dos anormais. *História, Ciências, Saúde*, Manguinhos, v. 26, 2019.

BICALHO, Ramofly; SILVA, Leandro Ferreira; DAMASCENO, Allan Rocha. A educação especial em projetos de assentamentos da reforma agrária no município de Conceição do Araguaia – PA. *Interfaces da Educação*, Paranaíba, v. 9, n. 27, p. 489-517, 2018. Disponível em: https://periodicosonline.uems.br/index.php/interfaces/article/view/2903/2691. Acesso em: 09 jan. 2022.

BRASIL. *Decreto nº 7.352*, de 4 novembro de 2010. Dispõe sobre a política de educação do campo e o Programa Nacional de Educação na Reforma Agrária-PRONERA. 2010. Disponível em: http://www.planalto.gov.br. Acesso em: 10 fev. 2022.

BRASIL. Lei nº 12.796, de 04 de abril de 2013: altera a Lei nº 9.394, de 20 de dezembro de 1996, que estabelece as diretrizes e bases da educação nacional, para dispor sobre a formação dos profissionais da educação e dar outras providências. Brasília, *Diário Oficial da União*, 05 abr. 2013.

BRASIL. Ministério da Agricultura, Pecuária e Abastecimento. *Assentamentos.* Brasília, 2020.

BRASIL. Ministério da Educação. Instituto Nacional de Estudos e Pesquisas Educacionais Anísio Teixeira – Inep. *Censo Escolar da Educação Básica* – 2020. Disponível em: http://portal.inep.gov.br/microdados Acesso em: 10 dez. 2021.

CAIADO, Katia Regina Moreno; MELETTI, Silvia Márcia Ferreira. Educação Especial na Educação do Campo: 20 anos de silêncio no GT 15. *Revista Bra-*

sileira de Educação Especial, Marília, v. 17, p. 93-104, maio-ago. 2011. Edição Especial. Disponível em: https://www.scielo.br/j/rbee/a/fTzh4pXQtgcNGxwPqbZBcwk/abstract/?lang=pt Acesso em: 08 nov. 2021.

CARVALHO, Maria de Fátima. Educação de jovens e adultos com deficiência mental: inclusão escolar e constituição dos sujeitos. *Horizontes*, v. 24, n. 2, p. 161-171, jul./dez. 2006. Disponível em: http://lyceumonline.usf.edu.br/webp/portalUSF/edusf/publicacoes/RevistaHorizontes/Volume_08/uploadAddress/Art6[6569].pdf. Acesso em: 17 jan. 2022.

COELHO, Frace Maria Gontijo *et al. Assentamento Primeiro de Junho:* uma parte da história de luta pela terra em Minas Gerais. Viçosa, 2007. Disponível em: https://www.novoscursos.ufv.br/projetos/ufv/nape/www/wp-content/uploads/Hist%c3%b3ria-do-Assentamento-1%c2%ba-de-Junho.pdf. Acesso em: 23 nov. 2021.

FERRARO, Alceu Ravanello. Alfabetização Rural no Brasil na Perspectiva das Relações Campo-Cidade e de Gênero. *Educação e Realidade*, Porto Alegre, v. 37, n. 3, p. 943-967, set./dez. 2012. Disponível em: https://www.redalyc.org/pdf/3172/317227325007.pdf. Acesso em: 13 jan. 2022.

FREITAS, Ricardo Luis de. *Políticas de Assentamentos Rurais em Minas Gerais*: Emancipação Camponesa ou Subordinação? 2012. Disponível em: http://www.lagea.ig.ufu.br/xx1enga/anais_enga_2012/gts/1491_1.pdf. Acesso em: 24 nov. 2021.

GATTI, Bernardete A. Estudos quantitativos em educação. *Educação e Pesquisa*, São Paulo, v. 30, n. 1, p. 11-30, jan./abr. 2004. Disponível em: https://www.scielo.br/j/ep/a/XBpXkMkBSsbBCrCLWjzyWyB/?lang=pt. Acesso em: 10 jan. 2022.

GONÇALVES, Taísa Grasiela Gomes Liduenha; RAHME, Mônica Maria Farid; ANTUNES-ROCHA, Maria Isabel. Tendência das matrículas da educação especial em escolas no campo em Minas Gerais (2007-2017). *Interfaces da Educação*, Paranaíba, v. 9, n. 27, p. 465-488, 2018. Disponível em: https://pdfs.semanticscholar.org/dd97/1520358f41a81ce71e0cb3d82533c9932a00.pdf?_ga=2.112782528.59627985.1637787720-1744236938.1637787720. Acesso em: 24 nov. 2021.

GONÇALVES, Taísa Grasiela Gomes Liduenha. *Alunos com deficiência na educação de jovens e adultos em assentamentos paulistas*: experiências no PRONERA. 203f. Tese de (Doutorado) – Universidade Federal de São Carlos, São Carlos, 2014. Disponível em: https://www.novoscursos.ufv.br/projetos/ufv/nape/www/wp-content/uploads/Hist%c3%b3ria-do-Assentamento-1%c2%ba-de-Junho.pdf. Acesso em: 24 nov. 2021.

GONÇALVES, Taísa Grasiela Gomes Liduenha. *Relatório do Projeto:* Alunos com deficiência na Educação de Jovens e Adultos Especial: o que os microdados do censo escolar revelam. 2020. Processo: 408454/2016-4. CNPq. Belo Horizonte/MG: FaE/UFMG, 2017/2020.

GONÇALVES, Taísa Grasiela Gomes Liduenha; TORRES, Beatriz Fonseca; SILVA, Fabiana Maria. Estudantes de Áreas Rurais em Deficiência na Educação de Jovens e Adultos em Minas Gerais. *In*: FERNANDES, Ana Paula Cunha dos Santos. *Educação Especial do Campo*: trilhas, perspectivas e renovação. Belém: Editora da UEPA, 2021. p. 91-104.

KASSAR, Mônica de Carvalho Magalhães. Uma breve história da educação das pessoas com deficiências no Brasil. *In:* MELETTI, Silvia Márcia Ferreira; KASSAR, Mônica de Carvalho Magalhães (Org.). *Escolarização de alunos com deficiência:* desafios e possibilidades. Campinas: Mercado de Letras, 2013. p. 33-76.

LEITE, Sergio Pereira. Assentamento Rural. *In*: CALDART, Roseli Salete *et al.* *Dicionário da Educação no Campo*. Rio de Janeiro; São Paulo. Escola Politécnica de Saúde Joaquim Venâncio; Expressão Popular, 2012.

LUCAS, Kelson Serafini; VALE, Ana Rute do. Assentamento Primeiro do Sul: passado de luta, presente de resistência e futuro de incertezas. *Geografia Ensino e Pesquisa*, Santa Maria, v. 18, n. 1, p. 07-22, 2014. Disponível em: https://periodicos.ufsm.br/geografia/article/view/7417. Acesso em: 24 nov. 2021.

RAFANTE, Heulália Charalo. *Helena Antipoff e o ensino na capital mineira*: a Fazenda do Rosário e a educação pelo trabalho dos meninos "excepcionais" de 1940 – 1948. 2006. 147 f. Dissertação (Programa de Pós-Graduação em Educação) – Universidade Federal de São Carlos, São Carlos, 2006.

WERLE, Flávia Obino Corrêa; KOETZ, Carmem Maria; MARTINS, Tatiane Fátima Kovalski. Escola pública e a utilização de indicadores educacionais. *Educação*, Porto Alegre (impresso), v. 38, n. 1, p. 99-112, jan.-abr. 2015. Disponível em: https://revistaseletronicas.pucrs.br/ojs/index.php/faced/article/view/11686/12758. Acesso em: 10 jan. 2022.

O USO DO MATERIAL VIRTUAL LIVRE NA PROPOSTA DE CONSTRUÇÃO DE FORMAÇÃO DE PROFESSORES A DISTÂNCIA: REFLETINDO E CONSTRUINDO UMA EDUCAÇÃO INCLUSIVA

Virginia Rita Pereira de Andrade Oliveira
Raquel Rocha Vieira

INTRODUÇÃO

Programas de autoria possibilitam espaços virtuais de formação colaborativa, continuada e em serviço. Este artigo tratará de todas as etapas utilizadas para a elaboração e execução do material virtual, descrevendo os passos de criação do material e os desafios encontrados em cada um deles.

Considerando o professor como um sujeito que pensa sua ação e deve tomar decisões sobre ela a partir de referências teóricas que qualifiquem e embasam sua prática, o objetivo da sequência criada é contribuir para a reflexão e aquisição de novas concepções acerca de uma educação inclusiva que acolha todos os estudantes nas práticas e ações cotidianas da escola comum, de maneira a possibilitar aprendizagens nesse espaço.

EDUCAÇÃO INCLUSIVA NA PERSPECTIVA DA DIFERENÇA

A educação inclusiva, pautada em princípios filosóficos, políticos e legais dos direitos humanos, compreende a mudança de concepção pedagógica, de formação docente e de gestão educacional para a efetivação do direito de todos à educação, agindo na modificação das estruturas educacionais que reforçam a oposição entre o ensino comum e o especial e a organização de espaços segregados para alunos público-alvo da educação especial. Conforme preconiza a Política nacional de educação especial na perspectiva da educação inclusiva criada pelo governo federal brasileiro em 2008 (BRASIL, 2008):

> A Política nacional de educação especial na perspectiva da educação inclusiva é um importante marco regulatório para a garantia da matrícula das *pessoas com deficiência na escola comum*. De acordo com essa Política, a educação especial deve integrar a proposta pedagógica da escola, eliminando barreiras para a plena participação dos estudantes com deficiência, transtornos do espectro autista (TEA) e altas habilidades/superdotação, por meio do atendimento educacional especializado (AEE) [...] O atendimento educacional especializado tem como função identificar, elaborar e organizar recursos pedagógicos e de acessibilidade que eliminem as barreiras para a plena participação dos estudantes, considerando suas necessidades específicas. As atividades desenvolvidas no AEE[1] diferenciam-se daquelas realizadas na sala de aula comum, não sendo substitutivas à escolarização. Esse atendimento complementa e/ou suplementa a formação dos estudantes com vistas à autonomia e independência na escola e fora dela (Grifos nossos).

DEMANDA DE FORMAÇÃO CONTINUADA

A partir da crescente matrícula de estudantes com deficiência nas escolas comuns, torna-se crescente também a demanda dos sistemas educacionais por mudanças na gestão, na formação docente, nas práticas pedagógicas, nos materiais didáticos, de forma a contemplar as necessidades educativas de pessoas com e sem deficiência em um mesmo espaço.

O cenário da Pandemia da Covid-19 evidenciou a necessidade da criação de espaços virtuais e conteúdo de formação em serviço que considerem aspectos da construção e implementação de práticas pedagógicas inclusivas por parte dos professores, principalmente no contexto da Educação Básica. Há que se pensar práticas de estratégias de flexibilizações no formato e nas propostas de trabalho que possibilitem o acesso ao currículo escolar por todos os estudantes.

[1] O AEE é o serviço do Atendimento Educacional Especializado.

Diante disso, torna-se um grande desafio ensinar a turma toda numa perspectiva inclusiva, daí a importância de potencializar estratégias que possam contribuir com a formação dos professores, como nos diz Freitas (2018): ainda há que se registrar equívocos em relação às práticas pedagógicas por parte dos professores, por não saberem lidar com a organização dos conteúdos, nem com uma metodologia adequada para o ensino.

Importante ressaltar nossa atuação profissional enquanto professoras do Atendimento Educacional Especializado, na rede municipal de educação de Belo Horizonte. Para nós, além das atribuições anteriormente mencionadas, compete ao AEE contribuir com a reflexão e implementação de práticas pedagógicas, recursos e mediações acessíveis no contexto da escola comum em parceria com os seus professores.

De acordo com Martins (2012, p.34):

> A formação permanente é um dos fatores imprescindíveis para que os profissionais de educação possam atuar, efetivamente, frente aos alunos sob sua responsabilidade em classe e no ambiente escolar, de maneira mais ampla, por mais diversificado que esse grupo se apresente, oferecendo-lhes condições de atendimento educacional que sejam adequadas às suas condições e necessidades e, não apenas, realizando a mera inserção física desses educandos no ambiente escolar.

É nessa perspectiva de reconhecimento das diferenças de cada sujeito em seus processos de aprendizagens que propomos o material didático, a partir da construção de uma sequência didática, que possa oportunizar acesso a reflexões e teorias importantes para a formação e autoformação dos professores que atuam em todos os níveis da educação, de modo a qualificar sua prática, considerando a possibilidade de formação em serviço de maneira síncrona e assíncrona em ambientes virtuais.

MATERIAIS DIDÁTICOS

Materiais didáticos são os grandes aliados do professor nas práticas educativas. É comum que façam parte do planejamento do curso e sejam o guia da abordagem que permeia a sala de aula, como nos traz Almeida Filho (2013, p. 17); a produção e/ou adoção de materiais didáticos constituem-se como fundamentais nos processos de ensinar e de aprender nas aulas e suas extensões. Importante destacar que o material didático nem sempre é o livro didático.

Rojo (2005) afirma que as tecnologias da informação e da comunicação, assim como outros materiais – jogos, equipamentos de laboratório, vídeos, áudio – fazem-se também necessários como suportes para processos de ensino-aprendizagem na contemporaneidade, penetrada por múltiplas linguagens, mídias e tecnologias.

Material didático virtual livre

A essência de um material didático virtual denominado livre é a possibilidade, liberdade de alteração, se assim se desejar; o *design* desse tipo de material considera aspectos relacionados a sua elaboração e produção, sua adequação ao contexto, ao perfil e especificidade do público ao qual se destina; é norteado pela prática docente, além de ser suscetível a constantes ajustes e adequações. Segundo Souza (2016):

> [...] Material Didático Virtual Livre deverá ser o produto de um processo de produção livre; ou seja, processo em que os autores tiveram a liberdade de consumir outros produtos culturais, sem a necessidade de permissão de grupos ou corporações que figurem como detentores desses produtos. Seguindo o mesmo raciocínio, esse material, como um bem cultural, deverá, ele próprio, figurar como livre, contribuindo, assim, com a circulação livre da cultura. Em outras palavras, trata-se de um tipo de material didático que, em essência, beneficia-se da cultura livre – conforme definido em Lessig (2004, p. 48 *apud* SOUZA 2016) –, ao mesmo tempo em que a promove sendo, naturalmente, suscetível à ação da inteligência coletiva, como concebida por Levy (2007, p. 28 *apud* SOUZA, 2016).

Cabe destacar que essa prática de adequação e ajustes de materiais didáticos por parte dos professores já é corriqueira nos contextos escolares: é comum que os docentes troquem sugestões de modelos de atividades escolares entre si nos corredores das escolas e mesmo nas salas de professores.

Material didático virtual livre comunga com as práticas de interlocuções do AEE na medida em que possibilita ações pedagógicas que valorizam a autonomia do professor, consideram a necessidade e preocupação com a formação continuada, atentam às demandas dos estudantes e possibilitam ações conjuntas entre os parceiros nas/das ações pedagógicas.

Partimos do pressuposto de que incorporar novas práticas de concepção e produção de materiais didáticos e a possibilidade de experienciá-las contribuem no processo de qualificação do professor, uma vez que ele poderá levar as experiências vividas em outros ambientes e com outros materiais, de forma a compor novas ações em seu fazer docente.

Portanto, a proposta de construção do material foi pensada a partir de uma sequência didática, na qual o público-alvo pudesse agregar novos conhecimentos a partir de suas experiências prévias, uma vez que são professores atuantes nas salas de aulas.

SEQUÊNCIA DIDÁTICA

Pessoa (2014) traz a seguinte definição para o termo sequência didática:

> Sequência didática corresponde a um conjunto de atividades articuladas que são planejadas com a intenção de atingir determinado objetivo didático. É organizada em torno de um gênero textual (oral ou escrito) ou de um conteúdo específico, podendo envolver diferentes componentes curriculares [...] A sequência didática é uma forma de organização do trabalho pedagógico que permite antecipar o que será enfocado em um espaço de tempo que é variável em função do que os alunos precisam aprender, da mediação e do constante monitoramento que o professor faz para acompanhar os alunos, por meio de atividades de avaliação durante e ao final da sequência didática.

Oliveira (2013,p.53) nos diz que:

> Material Didático Virtual Livre se aproxima da ideia geral de sequências didáticas materializadas em formato digital, conforme a autora a ideia de sequências didáticas refere-se a um conjunto de

atividades, conectadas entre si, que pressupõem planejamento e que trabalham os conteúdos de forma integrada.

Para a produção e publicação de materiais didáticos virtuais livres é possível lançar mão de inúmeros *softwares* educacionais disponíveis para a produção de atividades de aprendizagem dinâmicas. O *eXeLearning* apresenta-se como uma ferramenta de autoria, na qual é possível desenvolver e publicar atividades de aprendizagem, agregando diversas mídias, de forma a potencializar a aprendizagem de seus públicos.

PROGRAMAS DE AUTORIA: O *EXELEARNING*

Por ser um aplicativo livre, gratuito e de código aberto, que pode ser ajustado conforme a necessidade do professor e as diferenças de cada aluno, na criação de materiais didáticos livres, o *software eXeLearning* foi escolhido para este trabalho.

O *eXeLearning* possui mais de uma versão e pode ser baixado de acordo com o sistema operacional do computador: Linux, *Macintoch* ou *Windows*. O *software eXelearning* (ou simplesmente eXe) pode ser obtido no *site* http://elearning.org.

O *software* está dividido em quatro zonas de trabalho, assim distribuídas:

> 1. No *menu* principal, é possível gerenciar arquivos, impressão, exportações, estilos, preferência do usuário e ajuda.
>
> 2. Na estrutura, podemos criar índices de nosso conteúdo, todas as atividades podem ser dispostas aos estudantes na estrutura de seções/unidades que podem ser divididas em subseções/tópicos.
>
> 3. É composto por *iDevices*, que são as diferentes atividades que o *software* permite inserir. No caso da versão 2.5.1, que foi a utilizada para a produção da sequência didática, temos os *iDevices* divididos em: experimental: jogo de clicar na ordem certa, jogo de ordenar itens, adivinhação de palavras, lista codificada (pistas); atividades interativas: atividade de preenchimento de espaços, escolha múltipla, verdadeiro ou falso, testes, *quizz games,* GeoGebra, video *quest*; informação não textual: ampliador de imagem, *applet*, java, artigo *wiki*, galeria e imagens, RSS e sítio *web* externo, anexos de arquivos;

informação textual: texto livre, atividade de leitura, estudo de caso, reflexão, tarefa, recomendações, para saber mais. O *eXe* também possibilita a edição dos *iDevices* existentes bem como a criação de novos *iDevices*. No *menu* principal ferramentas, tem-se acesso a um editor de *iDevices*, que oferece a possibilidade de elaboração de exercícios variados, atendendo às especificidades de aprendizagem de cada aluno, mostrando-se um meio para potencializar a compreensão dos conteúdos trabalhados, mediante flexibilização de estratégias e variadas atividades pedagógicas.

4. No campo da área de trabalho, na aba conteúdo, podemos visualizar o conteúdo gerado e, na aba propriedade, temos acesso aos metadados de nossas produções.

Por meio do *eXeLearning*, é muito fácil criar conteúdo a ser publicado em diferentes formatos; divulgar em redes sociais, como *Twitter*, *Facebook*; utilizar em diferentes cursos do *Moodle*; publicar em uma seção de *blog*; entre outros.

IDEALIZAÇÃO E CONSTRUÇÃO DA SEQUÊNCIA DIDÁTICA

Assim como Leffa (2007, p. 10), acreditamos que:

> [...] o pressuposto teórico básico é de que o trabalho do professor na escola é mediado por artefatos culturais, entre os quais se incluem, como os mais relevantes, os materiais didáticos preparados pelo próprio professor. A elaboração do material didático atende a dois objetivos principais que se complementam: de um lado, visa a tornar o professor mais presente no seu trabalho pedagógico; de outro, tem o objetivo de assistir o desempenho do aluno na aquisição das competências desejadas. A ideia é de que, pela mediação do material produzido, a interação entre o professor e o aluno fique mais intensa e produza melhores resultados em termos de aprendizagem.

Portanto, pretendemos apresentar aqui a produção do material como um processo que seguiu os passos apresentados por Leffa (2007): iniciando com uma análise das necessidades do público, seguida do planejamento e desenvolvimento do material propriamente dito, a intenção da implementação desse material junto ao público-alvo, e culminando com sua avaliação.

De acordo com Freitas (2018), quando se fala em produção de materiais, a ênfase não deve estar nem no professor, nem no aluno, mas na tarefa. Tarefa essa que se tornará mediadora de todo processo assíncrono da aprendizagem.

Objetivos geral e específicos da sequência didática

Partindo dessa realidade, os objetivos da construção desta sequência didática foram definidos da seguinte forma:

Objetivo geral

Contribuir com a construção de espaços virtuais de formação e autoformação colaborativa, continuada e em serviço que possibilitem reflexões e ações práticas na efetivação de propostas pedagógicas inclusivas.

Objetivos específicos

1. Desconstruir estereótipos socialmente construídos em relação à inclusão escolar de estudantes com deficiência.
2. Propiciar reflexões acerca da temática inclusão escolar.
3. Conhecer os marcos teóricos e legislativos que regulam a Educação Especial na perspectiva da educação inclusiva.
4. Conhecer os objetivos e ações do Atendimento Educacional Especializado.

A seguir, apresentaremos as fases da sequência didática, que foi pensada e construída para a realidade que circunda o contexto de aplicação: espaço virtual de formação em serviço.

OS PASSOS DO PROCESSO

Passo 1: análise das necessidades do público-alvo

Observação do cenário e demanda de formação para aspectos relacionados à educação inclusiva. Definindo o contexto do material: a partir do reconhecimento de que nossa formação pessoal e profissional é carregada de concepções e preconceitos – pois fomos educados e formados em uma sociedade excludente –, torna-se fundamental investir em processos de formação continuada do professor, de modo a favorecer seu desenvolvimento profissional e visando à mudança de concepção em relação à aprendizagem de todos os estudantes e, entre eles, os estudantes com deficiência, no contexto das escolas comuns.

Passo 2: planejamento e desenvolvimento do material

Organização da sequência didática a partir da escolha dos insumos: textos, imagens, vídeos e propostas de atividades que comporão o material.

Cabe ressaltar, nessa fase, a dificuldade para encontrar os insumos. Por se tratar de uma proposta de construção de material virtual livre, é muito difícil localizar na *web* materiais livres que possam ser utilizados nessa perspectiva.

No caso de imagens que dialogassem com a proposta de conteúdo, foi bastante difícil, porque as disponíveis que atendem ao critério estabelecido – ser material de livre acesso classificado como detentor de direitos *creative commons* – muitas vezes traziam concepções que não se encaixavam na escolha teórica do material a ser produzido.

A solução foi, dentre as opções, escolher aqueles que continham menos elementos destoantes da proposta, imagens que não enfatizassem situações de capacitistas ou reducionistas da pessoa com deficiência.

Os insumos textos que fundamentaram a concepção teórica que compõe a sequência didática foram escolhidos a partir da própria concepção de material livre e licença *creative commons* a partir de um processo de curadoria de conteúdo envolvendo pesquisa, seleção e adaptação dos materiais, a fim de que se tornassem relevantes para o público ao qual se destinam; esse processo demanda a estruturação dos conteúdos para tornar acessível o aprendizado, e sempre deve incluir créditos do autor, adicionando valor ao conteúdo original.

O material teórico escolhido faz parte da plataforma do DIVERSA[2], pertencente ao Instituto Rodrigo Mendes.[3]

---

[2] O DIVERSA é uma plataforma de compartilhamento de conhecimento e experiências sobre inclusão de estudantes com deficiência, transtorno do espectro autista (TEA) e altas habilidades/superdotação na escola comum. É voltado a educadores, gestores escolares e públicos, familiares e outros profissionais interessados em educação inclusiva.

[3] © Instituto Rodrigo Mendes. Licença Creative Commons BY-NC-ND 2.5. A cópia, distribuição e transmissão dessa obra são livres, sob as seguintes condições: Você deve creditar a obra como de autoria do projeto DIVERSA e licenciada pelo Instituto Rodrigo Mendes; é vedado o uso para fins comerciais; é vedada a alteração, transformação ou criação em cima dessa obra, a não ser com autorização expressa do licenciante.

*Passo 3: a organização do material no **eXelearning***

O material produzido está disposto e organizado da seguinte forma:

1. Página inicial:
    1.1. Elementos de apresentação do tema a partir de uma imagem que dialoga com o conteúdo, nome do curso e desejo de boas-vindas.
    1.2. Quem somos nós: as ofertantes do curso.
    1.3. Da organização do material em um Guia do Cursista acessado por meio de um *link* do *drive.*
    1.4. Atividade de apresentação dos próprios cursistas.

A partir disso, cada tópico corresponde a uma unidade:

1. Unidades 1, 2 e 3:
    1.1. imagem que dialoga com o conteúdo proposto;
    1.2. texto inicial;
    1.3. propostas de atividades variadas: vídeos, questionários sim e não, mão na massa, *quiz,* estudo de caso, animações;
    1.4. seções reflexivas com objetivo de deixar uma abertura no assunto e dar continuidade para a próxima unidade.

Passo 4: as atividades proposta

Nossa maior preocupação ao propor as atividades foi criá-las de forma que pudessem dialogar com o usuário final, mesmo que a distância, considerando que a proposta do trabalho perpassa pela reflexão de questões pertinentes ao tema.

A estratégia utilizada foi de inserir sempre *feedbacks* às atividades propostas, atividades interativas permearam todo projeto. Além disso, cada seção se interliga com a próxima a partir de uma questão reflexiva, utilizando recursos variados de mídias: vídeos e/ou animações.

ACESSIBILIDADE

O Núcleo de Acessibilidade e Usabilidade da Universidade Federal do Estado do Rio de Janeiro (UNIRIO), Departamento de Informática Aplicada, traz a seguinte definição de acessibilidade (NAU, 2016):

> Acessibilidade, pode ser definida como termo relacionado a acesso para todos, é a possibilidade de qualquer pessoa, independente de suas capacidades físico-motoras e perceptivas, culturais e sociais, usufruir os benefícios de uma vida em sociedade, ou seja, de participar de todas as atividades, até as que incluem o uso de produtos, serviços e informação, entre eles a Internet, com o mínimo possível de restrições; essa definição, proposta inclusive pela Associação Brasileira de Normas Técnicas (ABNT), apesar de muito rigorosa é fundamental, pois a acessibilidade só existe de fato quando "todos" conseguem acesso a esses benefícios.

Os materiais didáticos desenhados universalmente precisam disponibilizar recursos que garantam apreensão, por meio de elementos de acessibilidade, dos conteúdos de estudo. O *software eXelearning* disponibiliza em sua interface uma série de alternativas de trabalho e produção de atividades em diversos formatos, apresentando, portanto, flexibilizações nas estratégias de aprendizagens, o que poderá beneficiar o aprendizado das pessoas com deficiência:

> 1. Elaboração dos conteúdos em diferentes mídias, conteúdos disponibilizados em vídeos e animações.
>
> 2. Permite ajustes de manipulação de forma e conteúdos digitais: alteração do tamanho do texto e das imagens, cor usada para informar ou enfatizar e a disposição dos elementos visuais.
>
> 3. Possibilita várias vias de apresentação de seus conteúdos por meio de: vídeos, documentários, *box* com opinião de especialistas, *box* com dicas de filmes e livros para ler, tabelas e outros recursos que sirvam para ampliar o conhecimento sobre os temas apresentados pelo material.
>
> 4. Proporciona a utilização de recursos de compreensão de texto: antecipação de vocabulário, palavras-chave que contribuam na simplificação e compreensão dos textos.
>
> 5. Utilização de recursos imagéticos: ilustrações, fotografias, conceitos-chave apresentados na forma de imagens, ícones e símbolos que facilitam a navegação no material produzido. Uso de organizadores avançados: mapas conceituais, glossários de

imagens e textos, infográficos, linhas do tempo, planilhas e recursos que contribuam para a sistematização de conteúdos, conceitos e processos apresentados.

No entanto, a inserção de elementos de acessibilidade a partir do próprio *software* é limitada: informações disponibilizadas em libras e áudios, por exemplo, só poderão ser incorporadas ao material a partir de *links* do *drive*.

Outro aspecto a mencionar diz respeito à usabilidade: que determina se o manuseio de um produto é fácil e rapidamente aprendido, dificilmente esquecido, não provoca erros operacionais, satisfaz seus usuários e, eficientemente, resolve as tarefas para as quais ele foi projetado. Há depoimentos de colegas sem deficiência que disseram das dificuldades no manuseio, indicando, assim, possíveis problemas nos quesitos intuitividade e facilidade de acesso.

No *eXelearnig* há possibilidade de prever seu uso por pessoas com necessidades especiais, sendo assim, é importante oportunizar a utilização do *software* por usuários com deficiência, a fim de se obter uma avaliação mais assertiva do *software* no quesito acessibilidade. O que pode ser observado na imagem a seguir:

Figura 1 – Print da tela do *software eXelearnig*

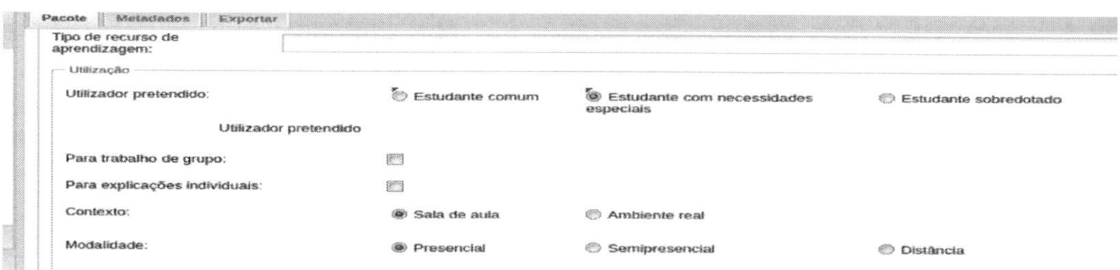

Fonte – https://exelearning.org/ 2021.[4]

CONSIDERAÇÕES FINAIS

A proposta de elaborar uma sequência didática para a formação de professores voltada à inclusão escolar de estudantes com deficiência é um desafio não só porque a inclusão desse público no ambiente esco-

[4] https://exelearning.org/ acesso em 23 abril. 2021.

lar é recente, mas também por sabermos que as práticas escolares para todos os alunos devem ser repensadas e ressignificadas.

Nosso próximo passo é a aplicação dessa proposta no contexto para o qual ela foi pensada, numa perspectiva crítica e reflexiva sobre as práticas pedagógicas. Cientes de que o processo se encontra em contínua transformação e é construído coletivamente, é preciso, portanto, repensar, reformular e reelaborar cada passo de experimentação, para melhor apropriação da proposta pelos usuários finais. Desse modo, aprimorar o conteúdo do material construído, para que ele se torne potente aliado na transformação das escolas, perpassando pelo olhar reflexivo dos professores sobre como mudar a partir do conceito de inclusão, na perspectiva da diferença.

Para o enfrentamento dos desafios trazidos, a partir da inclusão escolar de estudantes com deficiência na escola regular, é imprescindível uma formação significativa dos professores, que possibilite a melhoria do trabalho pedagógico. Importante ressaltar que, no processo de inclusão, a escola deve sempre buscar meios e condições para atender os alunos, uma vez que a inclusão não se esgota só no acolhimento, mas na relação entre o fazer e o pensar, propiciando um espaço no qual todos possam aprender independentemente das diferenças.

REFERÊNCIAS

ALMEIDA FILHO, José Carlos Paes de. Codificar conteúdos, processo, e reflexão formadora no material didático para ensino de línguas. *In*: LOPES PEREIRA, Ariovaldo; GOTTHEIM, Liliana. *Materiais didáticos para o ensino de Língua Estrangeira*: processos de criação e contextos de uso. Campinas, São Paulo: Mercado de Letras, 2013. p. 13-28.

BRASIL. Ministério da Educação. Secretaria de Educação Especial. Política Nacional de Educação Especial na Perspectiva da Educação Inclusiva. Inclusão: revista da educação especial, v. 4, n 1, janeiro/junho 2008. Brasília: MEC/ SEESP, 2008.

FREIRE, Paulo. *A Educação na cidade*. São Paulo: Cortez, 1991. p. 58.FREITAS, Luciana Aparecida Guimarães de. *A multimodalidade no ensino de língua portuguesa para alunos surdos nos anos iniciais*: uma proposta de material didático. 146f.

FREITAS, Luciana Aparecida Guimarães de. A multimodalidade no ensino de língua portuguesa para alunos surdos nos anos iniciais: uma proposta de material didático. Dissertação (Mestrado) – Centro Federal de Educação Tecnológica de Minas Gerais, Programa de Pós-Graduação em Estudos de Linguagens, Belo Horizonte, 2018. 146f.

GIL, Marta. A legislação federal brasileira e a educação de alunos com deficiência. 08 set. 2017. Disponível em: https://diversa.org.br/artigos/a-legislacao-federal-brasileira-e-a-educacao-de-alunos-comdeficiencia/. Acesso em: 23 abr. 2021.

LEFFA, Vilson. Como produzir materiais didáticos para o ensino de línguas. *In*: LEFFA, Vilson. *Produção de materiais de ensino*: teoria e prática. 2. ed. Pelotas: EDUCAT, 2007.

MARTINS, Lúcia de Araújo Ramos. Reflexões sobre a formação de professores com vistas à educação inclusiva. *In*: MIRANDA, Theresinha Guimarães; GALVÃO FILHO, Teófilo Alves (Org.). *O professor e a educação inclusiva*: formação, práticas e lugares. Salvador: EDUFBA, 2012. 491 p.

NÚCLEO DE ACESSIBILIDADE E USABILIDADE – NAU. Universidade Federal do Estado do Rio de Janeiro – UNIRIO. Departamento de Informática Aplicada. Disponível em: http://nau.uniriotec.br/. Acesso em: 23 abr. 2021.

OLIVEIRA, Maria Marly de. *Sequência didática interativa no processo de formação de professores*. Petrópolis: Vozes, 2003.

PEREIRA, Ariovaldo Lopes; GOTHEIM, Liliana. *Materiais didáticos para o ensino de língua estrangeira*: processo de criação e contextos de uso. Campinas: Mercado das Letras, 2013.

PESSOA, Ana Cláudia Gonçalves. Sequência Didática. *In*: FRADE, Isabel Cristina Alves da Silva; COSTA VAL, Maria da Graça; BREGUNCI, Maria das Graças de Castro (Org.). *Glossário Ceale*. Termos de alfabetização, leitura e escrita para educadores. Belo Horizonte; Faculdade de Educação/UFMG, 2014. Disponível em: www.ceale.fae.ufmg.br/glossárioceale. Acesso em: 21 abr. 2021.

ROJO, Roxane. Livros em sala de aula: modo de usar. *In*: BRASIL. *Materiais didáticos*: escolha e uso. Boletim 14. Brasília: Ministério da Educação, 2005.

SOUZA, Rômulo Francisco de. Implicações do uso de material didático virtual livre em contexto formal de ensino -aprendizagem de italiano como LE/L2[recurso eletrônico] : a perspectiva dos problemas de ensino / Rômulo Francisco de Souza . São Paulo : FFLCH/USP, 2016.

RODAS DE CONVERSAS VIRTUAIS: TESSITURAS E DIÁLOGOS PARA UMA EDUCAÇÃO INCLUSIVA E ANTIRRACISTA

Ana Maria Silva
Maria das Mercês Vieira da Cunha

INTRODUÇÃO

Todos os dias, veículos de comunicação – redes sociais, jornais, noticiários – evidenciam, denunciam e informam sobre casos que explicitam o racismo estrutural e visceral que tem caracterizado, historicamente, a sociedade brasileira e que se manifesta, cotidianamente, em práticas discriminatórias e preconceituosas. Tratar da temática étnico-racial nas escolas, ressignificando práticas e currículos, mostra-se fundamental para a garantia de uma educação inclusiva, comprometida com a erradicação do racismo institucional e com a (re)educação das relações étnico-raciais.

A promulgação da Lei nº 10.639/03 e, posteriormente, a da Lei nº 11.645/08, como resultado de um longo processo de lutas empreendidas pelo Movimento Negro, especialmente a partir da segunda metade do século XX, significaram um importante avanço em direção a uma educação inclusiva e comprometida com o reconhecimento e a valorização de conhecimentos historicamente negados ou subalternizados nos currículos escolares. Entretanto, e transcorridos quase vinte anos da lei que tornou obrigatório o ensino de história e cultura afro-brasileira e africana em sala de aula, ainda são muitos os desafios para a sua efetivação nos currículos e nas práticas pedagógicas desenvolvidas no ambiente escolar.

Dentre esses desafios, destaca-se a oferta de atividades formativas que contemplem o tema das relações étnico-raciais, ainda hoje, pouco abordado nos currículos de graduação das universidades. Nesse sentido, a formação continuada e em serviço se apresenta como uma possibilidade de essas(esses) profissionais apropriarem-se de conceitos, teorias e estudos sobre a temática étnico-racial, bem como de propiciar espaço de diálogos e trocas de experiências sobre as questões da prática cotidiana em sala de aula, uma vez que o "como fazer" se apresenta como uma demanda recorrente nas falas de professoras(es) e gestoras(es) da educação.

Buscando responder a essa demanda, a Rede Municipal de Educação de Belo Horizonte tem construído importantes estratégias para a garantia da formação continuada e em serviço, como é o caso dos Núcleos de Estudos das Relações Étnico-Raciais (NERER), que existem desde 2005. Esses Núcleos, organizados nas nove regionais da cidade, são espaços formativos dos quais participam representantes de escolas e creches, com encontros mensais para estudos, reflexões e trocas de experiências. Além dos encontros mensais – realizados virtualmente desde 2020 e retomados, presencialmente, a partir de agosto de 2022, existe um mecanismo importante e estratégico para viabilizar as trocas, que são os grupos de mensagens do aplicativo *WhatsApp*. Essa ferramenta se mostrou um potente veículo de trocas, informação e reflexão, especialmente no período do afastamento imposto pela Pandemia da covid-19.

As trocas e interações realizadas no grupo de *WhatsApp* suscitaram o desejo de manter e fortalecer, ainda que virtualmente, os encontros mensais, agora não mais possíveis no formato presencial. No interior das escolas, ganharam protagonismo as(os) integrantes do Núcleo de Estudos, na proposição, articulação, animação e organização de jornadas formativas sobre o tema das relações étnico-raciais, envolvendo todo o coletivo da escola, em uma atuação conjunta entre as gestões escolares, a Coordenação Regional do Núcleo de Estudos e a Gerência das Relações Étnico-Raciais.

Este artigo objetiva discutir essa rica experiência – as Rodas de Conversa Virtuais – desenvolvida a partir da iniciativa de integrantes do Núcleo de Estudos das Relações Étnico-Raciais da Regional Venda Nova,[1] que desejavam aprofundar as discussões sobre práticas pedagógicas

[1] O município de Belo Horizonte está dividido em nove regionais administrativas, sendo elas: Barreiro, Centro-Sul, Leste, Nordeste, Noroeste, Norte, Pampulha, Oeste e Venda Nova. Segundo dados do Censo 2010 do IBGE, a regional Venda Nova possui uma extensão territorial de 28,30 km^2 e população de 262.183 habitantes, distribuídos em 31 bairros e 11 vilas. Faz limite com as regionais Norte e Pampulha e com os municípios de Ribeirão das Neves e Vespasiano. A Diretoria Regional de Educação Venda Nova possui 28 escolas de Ensino Fundamental (21.867 estudantes), 01 de Ensino Especial, 17 de Educação Infantil e 17 Creches da Rede Parceira.

de promoção da igualdade racial e sobre a implementação das Leis nº 10.639/03 e nº 11.645/08. No decorrer deste trabalho, apresentaremos questões, reflexões, construções teóricas e práticas suscitadas ao longo dessa vivência formativa.

É NA RODA QUE SE CONVERSA

Um percurso formativo tecido pelas mãos de vários coletivos docentes, assim podemos definir a experiência construída, inicialmente, a partir da proposta de uma escola e abraçada pelas outras instituições e seus docentes de territórios diversos da regional Venda Nova. Essa escola abriu as portas virtuais de uma sala de videoconferências e convidou outras escolas do entorno para se encontrarem em uma Roda de Conversa sobre a temática das relações étnico-raciais. Essas Rodas se situam, temporalmente, no primeiro ano da epidemia da covid-19, que ocasionou um forte impacto na organização do trabalho da instituição escolar.[2] A possibilidade de organizar encontros virtuais mais longos e com a participação de até 250 pessoas, que se configurava no aplicativo da Plataforma *Google*, via *Google Meet*, foi o primeiro elemento a contribuir para a concretização da proposta, realizada em uma articulação entre as escolas e as equipes da Gerência das Relações Étnico-Raciais e da Diretoria Regional de Educação de Venda Nova.

É relevante destacar que, nas Rodas de Conversa, a participação ocorreu a partir do desejo do coletivo de profissionais de cada instituição escolar. Houve um movimento de integração entre a demanda docente e a disposição para articular e concretizar as Rodas formativas pelas gestões escolares. Essa dinâmica qualificou a participação, na medida em que trouxe elementos concretos para a discussão, com base na experiência em sala de aula. Ao envolverem mais de uma escola, as Rodas de Conversa se transformaram em espaços colaborativos e potentes para o diálogo e a reflexão coletiva sobre os desafios, mas também sobre as construções que têm sido possíveis no cotidiano escolar.

[2] A partir de março de 2020, o agravamento da epidemia do covid-19 impôs a necessidade de se estabelecerem protocolos sanitários que determinaram o distanciamento social e a consequente suspensão das aulas presenciais na Rede Municipal de Educação de Belo Horizonte. Para as(os) profissionais da educação foi instituído, nos meses iniciais da pandemia, o regime de sobreaviso e, posteriormente, de teletrabalho, que potencializaram os tempos para a formação docente, no formato virtual, verificando-se uma grande demanda, por parte dos coletivos das escolas, por atividades formativas abordando o tema das relações étnico-raciais.

Constatado o êxito dessa primeira Roda de Conversa, a experiência foi abraçada por outras instituições escolares. Para tanto, houve um processo de diálogo e articulação da Coordenação do Núcleo de Estudos da Regional Venda Nova, com integrantes dos Núcleos e gestões escolares, no sentido de viabilizar tais atividades formativas. A dinâmica das Rodas consistia em que uma escola anfitriã convidava as vizinhas para entrar na Roda. Foram realizadas cinco Rodas de Conversa, envolvendo a participação de 23 escolas e um quantitativo de quase cinco centenas de professoras(es) que atuam nas EMEFs e EMEIs[3] de Belo Horizonte (quadro a seguir).

Rodas de conversa

Mês/Roda	Participantes	
1ª Roda	Escola anfitriã + 3 EMEFs convidadas	102 participantes
2ª Roda	Escola anfitriã + 2 EMEFs e 4 EMEFs convidados	142 participantes
3ª Roda	Escola anfitriã + 3 EMEFs convidadas	93 participantes
4ª Roda	Escola anfitriã + 3 EMEFs e 1 EMEFs convidadas	93 participantes
5ª Roda	Escola anfitriã + 2 EMEFs convidadas	46 participantes

Fonte – Elaborado pelas autoras.

Para atender às demandas de formação, as escolas e creches foram organizadas em microterritórios e foi realizado o agendamento dos encontros, reunindo os coletivos docentes de até cinco instituições escolares. Com o objetivo de levantar as demandas formativas das(os) docentes, foi elaborado um questionário, via *Google Forms*, com o objetivo de organizar as Rodas de conversa. Esse levantamento prévio se mostrou uma importante ferramenta para o preparo das interlocutoras e mediadoras, de maneira que as Rodas de Conversa dialogassem, efetivamente, com as demandas da prática.

Outro aspecto relevante diz respeito ao protagonismo dos coletivos das escolas participantes da Roda. Na dinâmica do encontro, um primeiro momento consistiu na escuta dos processos vivenciados por cada uma das escolas, no que se refere ao trabalho com a temática das relações étnico-raciais, seu percurso para a implementação e o fortalecimento das Leis nº 10.639/03 e nº 11.645/08. Nesse momento inicial, foram compartilhados os avanços, os desafios e as pretensões futuras, em um movimento de reflexão e inspiração coletiva.

[3] Escolas Municipais de Ensino Fundamental e Escolas Municipais de Educação Infantil.

Compartilhadas essas experiências entre os diferentes coletivos de escola, a conversa, mediada pela Gerência das Relações Étnico-Raciais e Diretoria Regional de Educação, passava a dialogar com as respostas às questões previamente endereçadas aos coletivos das escolas, por meio do *Google Forms*: "Como você avalia seu conhecimento da temática da formação?"; "Sobre as Leis 10.639/03 e 11.645/08, quais questões você gostaria que fossem contempladas?". Além dessas duas perguntas, também foi disponibilizado um espaço para observações, dúvidas e sugestões para os próximos encontros formativos.

O número expressivo de participações e o volume e a qualidade das informações fornecidas nos formulários abriram possibilidades para muitas reflexões e (re)elaborações subjetivas e coletivas, propiciando um diálogo direto com as diferentes visões, hipóteses, dificuldades e tensões presentes no trabalho pedagógico no tocante às relações étnico-raciais.

AS QUESTÕES ENVIADAS PELAS(OS) DOCENTES E O QUE ELAS NOS REVELAM

Para efeito de sistematização desse rico material, fez-se necessário organizar a informação, agrupando as respostas, agora transformadas em demandas, por similaridade, em temas de discussão: o conhecimento das leis; os conteúdos previstos nas leis, as práticas pedagógicas e as estratégias e metodologias para o trabalho em sala de aula e o diálogo com as famílias.

> a) Sobre as leis, as respostas evidenciam o desejo de conhecer mais profundamente as duas leis e se vinculam, também, à necessidade de compreender melhor os conceitos relacionados ao tema, como Racismo Estrutural e suas consequências na sociedade, Injúria Racial, Racismo, preconceito e discriminação racial. Evidencia-se, ainda, a necessidade de discutir melhor a identificação e o combate das práticas racistas na escola.
>
> b) Sobre os conteúdos previstos nas leis, constata-se uma preocupação em garantir que a proposta pedagógica esteja voltada para a valorização da diversidade presente na escola, com destaque para a diversidade religiosa e as religiões de matriz africana como tema demandado para formação; os conteúdos relativos à História e Cultura Afro-brasileira, Africana e Indígena e a importância da inserção desses novos conhecimentos no cotidiano

das escolas. São variadas as pautas apontadas para reflexão e vão desde a importância dos povos negros e indígenas para formação do povo brasileiro, ancestralidade até a importância do trabalho com a temática étnico-racial no currículo das nossas escolas. O contexto da pandemia de covid-19 também evidencia desejo de conhecer melhor as dificuldades vivenciadas pelas populações remanescentes de quilombos e indígenas no período da pandemia. Percebe-se, ainda, um anseio de aprofundar o conhecimento sobre os povos indígenas: direitos, acesso à educação, diversidade cultural e a situação atual. Nesse sentido, também se pergunta: quais são os projetos e formações propostas para a Rede em relação à cultura indígena?

c) Em relação às práticas pedagógicas para efetivação das leis do cotidiano escolar, as respostas revelam um movimento subjetivo de questionamento sobre como nos tornarmos antirracistas em nossa prática pedagógica e um desejo de discutir quais seriam os comportamentos e atitudes centrais de um educador para abordar, mediar, propor reflexões e criar outra cultura em torno dos assuntos/realidades abrangidos por essas leis. Nesse sentido, as questões também versaram sobre qual seria o perfil do professor para trabalhar tais conteúdos em sala e o que podemos fazer para superar o estereótipo de que esses são temas para o professor de História ou o professor negro da escola.

d) Sobre a abordagem da temática no cotidiano escolar, fica evidenciada uma convicção de que o trato com a temática étnico-racial não pode se dar de forma pontual, daí o desafio de construir um currículo pautado pelo trabalho com essas temáticas ao longo do ano. Nesse mesmo sentido, há um desejo de saber como realizar projetos interdisciplinares e as possibilidades de abordagem do tema no cotidiano escolar nas diferentes áreas de conhecimento, durante todo o ano, e não apenas no 20 de novembro. Fica explícita uma compreensão sobre a importância do conhecimento e debate sobre o tema para aplicá-lo de forma coerente e sensata em diversos momentos do ano e em todas as disciplinas, ou seja, aponta-se a necessidade de esse tema perpassar todo o currículo na escola e de os(as) professores(as) ressaltarem, em sala de aula, a cultura afro-brasileira como constituinte e formadora da sociedade brasileira.

e) A relação com a família apresenta-se como uma preocupação, especialmente no que diz respeito à existência, por parte de estudantes e famílias, de certa resistência – que é creditada a convicções religiosas –, quando se abordam conteúdos relacionados a temas como as lendas africanas e indígenas e religiões de origem africana. O desafio apresentado para debate é como dialogar com os pais e alunos sobre a temática para que entendam que a diversidade faz parte da nossa identidade, inclusive porque, em alguns casos, o tema não é tratado por receio da interpretação de estudantes e pais.

As centenas de perguntas e reflexões recebidas por meio do *Google Forms* e trazidas para o debate na Roda demonstraram que, apesar das dificuldades em inserir essas temáticas nos currículos escolares, há um movimento potente no interior das escolas no sentido de alterar discursos e práticas no cotidiano da sala de aula.

Por meio das perguntas, estas(es) profissionais (re)elaboraram concepções e pertencimentos identitários, questionaram a instituição escolar e seus conhecimentos, identificaram desigualdades e a (re)produção cotidiana de preconceitos e discriminações e, nesse processo reflexivo, também apontaram pistas de caminhos e estratégias para uma educação antirracista. Dessa forma, explicitaram o desejo de construir um discurso antirracista e de desenvolver ações efetivas contra as práticas racistas e preconceituosas dentro do ambiente escolar.

Podemos constatar que as Leis nº 10.639/03 e nº 11.645/08, ao evidenciarem a filiação eurocêntrica dos nossos currículos escolares, cumprem um importante papel de provocar fissuras e debates sobre a necessidade de se considerarem outros saberes, outras histórias e outras culturas. Entendemos que a fala das(os) professoras(es) nos dizem, por um lado, desse movimento potente estimulado por essas leis e suas diretrizes, no sentido do respeito e da valorização da diversidade e da pluralidade cultural existente em nosso país; e, por outro, da demanda por mais formações sobre a temática, por material de estudo, em especial, referências bibliográficas para iniciantes.

As questões apontadas tratam, em sua maioria, sobre formas práticas de incluir o ensino de história e cultura afro-brasileira e indígena na prática docente e há um desejo de saber como lidar com essas questões e como trabalhar em sala o tema das relações étnico-raciais. Assim, as perguntas são sobre quais métodos e abordagens utilizar, sugestões de atividades práticas de valorização da cultura africana nas escolas, formas práticas de incluir a maior representatividade de crianças negras, desde literatura, filmes etc.

Consequentemente, evidenciam a necessidade de sugestão de materiais didáticos e paradidáticos, como livros infantis virtuais para trabalho durante a pandemia; propostas de brincadeiras, jogos ou outras formas de abordar o tema; sugestões de livros para estudo e de literatura e outros materiais para o trabalho com as(os) estudantes, além de demandarem estudos sobre a qualidade dos textos presentes nos livros didáticos que abordam a temática das relações étnico-raciais.

São muitas e variadas as questões quando se fala do trabalho pedagógico e dizem respeito tanto aos conteúdos a serem abordados quanto às estratégias e metodologias mais adequadas, evidenciando a importância atribuída, pelas(os) docentes, à construção de pedagogias sensíveis e adequadas a cada faixa etária, em especial com as crianças pequenas da Educação Infantil e dos anos iniciais, demandando sugestões de atividades lúdicas, estratégias didáticas, sugestões de livros infantis, entre outros.

CONSIDERAÇÕES FINAIS

> A diversidade e a multiplicidade existem em cada um/a de nós e nos grupos que constituem a humanidade. Estes grupos são fundamentais para a construção de uma nova humanidade, que o trabalho [...], com os recém-chegados, seres humanos de zero a 6 anos, demanda, exige. Uma humanidade sem racismo, que preza o respeito, a convivência e o diálogo. Em se tratando de uma educação para o amanhã, tecida no hoje, com o legado do ontem, eu diria, UMA HUMANIDADE DO AMOR (TRINDADE, 2010, p. 14-15).

O racismo brasileiro é reproduzido diuturnamente, por diferentes meios e instituições – entre os quais a escola, os meios de comunicação social, as relações cotidianas, o ambiente familiar –, por meio de "brincadeiras" e piadas. A ideologia da democracia racial, que afirma não haver conflito racial no Brasil, busca invisibilizar as dramáticas desigualdades produzidas por uma sociedade na qual as pessoas têm mais ou menos oportunidades a depender das suas características físicas.

A escola, como instituição integrante do Estado brasileiro, também tem cumprido, historicamente, o papel de (re)produzir desigualdades, e isso acontece por diversos mecanismos, tanto explícitos quanto implícitos. O racismo institucional manifesta-se por diferentes meios, dentre os quais podemos citar: os materiais didáticos utilizados, a organização do ambiente escolar, a valorização de algumas histórias, culturas, estéticas e expressões religiosas em detrimento de outras e ainda o silenciamento, que acontece muitas vezes, sobre as manifestações de preconceito e discriminação racial.

A criação de políticas de ações afirmativas procura responder a essa realidade, na perspectiva do reconhecimento, da valorização e da reparação aos grupos historicamente subalternizados em nosso país. No caso específico da educação, as Leis nº 10.639/03 e nº 11.645/08 avançam no sentido de efetivar tais mudanças no espaço escolar, ainda hoje pouco permeável ao conhecimento histórico-cultural não filiado à matriz europeia. As(os) profissionais da educação são chamadas(os) a contribuir para essa mudança, o que exige um movimento subjetivo, de questionamento de valores, posturas e atitudes tão conformadas e naturalizadas pela sociedade estruturalmente racista na qual vivemos.

Para tanto, torna-se imprescindível a construção de espaços de estudos e diálogos no interior de cada escola, assim como um compromisso da gestão escolar na articulação desses espaços e mobilização da comunidade escolar. Asseveramos que somente de forma coletiva, em uma construção dialogada, é possível avançar em uma proposta pedagógica assumida por todas(os). O "como fazer" apresenta-se, dessa forma, como uma construção que é única, com base na realidade de cada comunidade escolar, no projeto pedagógico da instituição, nas demandas apresentadas por estudantes e suas famílias, docentes e profissionais da educação.

O planejamento docente e a construção de estratégias metodológicas para o trabalho com a temática étnico-racial precisam considerar a necessidade de diferentes abordagens, a partir das diferentes faixas etárias e ciclos de formação. É importante ainda que estabeleçam diálogos e interfaces com os diversos campos do conhecimento e conteúdos disciplinares, rompendo com abordagens pontuais e dissociadas do trabalho cotidiano em sala de aula. De igual importância, o diálogo com as famílias sobre o que está sendo abordado em sala de aula abre possibilidades para que a educação das relações étnico-raciais extrapole os muros da escola e provoque reflexões e aprendizados em outros espaços e contextos.

Parafraseando a professora Petronilha Gonçalves, temos pedagogias antirracistas a construir. Pedagogias que apontem na perspectiva de uma nova escola, de novas relações entre as pessoas, baseadas no respeito e no reconhecimento e valorização das histórias, culturas, identidades, corporeidades e tradições dos diferentes grupos que formam o nosso país, em especial negros(as) e indígenas, historicamente subalternizados e invisibilizados. Essas pedagogias exigem de todas(os) nós, educadoras(es), disposição para estudar, para aprender, para também nos percebermos preconceituosas(os). Somente assim será possível continuar avançando na construção de estratégias de trabalho em sala de aula e das relações no cotidiano escolar.

Nesse sentido, e retomando a fala da professora Azoilda Trindade, citada no início destas considerações, gostaríamos de ressaltar a importância da instituição escolar, enquanto espaço de produção de conhecimento e de formação humana. Em tempos tão desafiadores quanto os que estamos atravessando, a escola e suas(seus) profissionais podem cumprir um papel decisivo para que todas(os) se sintam igualmente respeitadas(os) e valorizadas(os) nas suas características e potencialidades e para que se processem as necessárias e urgentes mudanças que desejamos ver no mundo.

REFERÊNCIAS

BRANDÃO, Ana Paula; TRINDADE, Azoilda Loretto da (Org.). *Modos de brincar*: caderno de atividades, saberes e fazeres. Rio de Janeiro: Fundação Roberto Marinho, 2010.

BRASIL. Ministério da Educação. *Diretrizes Curriculares Nacionais para a Educação das Relações Étnico-Raciais e para o Ensino de História e Cultura Afro-Brasileira e Africana*. Brasília: Secretaria de Educação Continuada, Alfabetização e Diversidade, 2004.

BRASIL. Ministério da Educação. *Plano Nacional das Diretrizes Curriculares Nacionais para a Educação das Relações Étnico-Raciais e para o Ensino de História e Cultura Afro-Brasileira e Africana*. Brasília: SECAD; SEPPIR, 2009.

BRASIL. Presidência da República. *Lei nº 9.394*, de 20 de dezembro de 1996. Estabelece as diretrizes e bases da educação nacional. Disponível em: http://www.planalto.gov.br/ccivil_03/leis/l9394.htm. Acesso em: 24 nov. 2021.

CARNEIRO, Suelaine. A Educação de meninas negras em tempos de pandemia: o aprofundamento das desigualdades. São Paulo: Geledés, 2021. *E-book*. Disponível em: https://www.geledes.org.br/wp-content/uploads/2021/04/Aeducacao-de-meninas-negras-em-tempo-de-pandemia.pdf. Acesso em: 2022.

GOMES, Nilma Lino (Org.). *Práticas pedagógicas de trabalho com relações étnico-raciais na escola na perspectiva da Lei 10.639/2003*. Brasília: MEC, UNESCO, 2012.

GOMES, Nilma Lino. Alguns termos e conceitos presentes no debate sobre relações raciais no Brasil: uma breve discussão. *In*: BRASIL. *Educação Anti-racista*: caminhos abertos pela Lei federal nº 10.639/03. Brasília: MEC, Secretaria de Educação Continuada, Alfabetização e Diversidade, 2005. p. 39-62. Disponível em: https://www.geledes.org.br/wp-content/uploads/2017/03/Alguns-termos-e-conceitos-presentes-no-debate-sobre-Rela%C3%A7%C3%B5es-Raciais-no-Brasil-uma-breve-discuss%C3%A3o.pdf. Acesso em: 25 abr. 2021.

GOMES, Nilma Lino. Raça e Educação Infantil: à procura de justiça. Disponível em: http://revistas.pucsp.br/index.php/curriculum. Acesso em: 05 maio 2022.

MUNANGA, Kabengele. *Superando o Racismo na escola*. Brasília: Ministério da Educação, Secretaria de Educação Continuada, Alfabetização e Diversidade, 2005.

SILVA, Petronília Beatriz Gonçalves; BERNARDES, Nara Maria Guazzelli. Rodas de conversas – excelência acadêmica é a diversidade. *Revista Brasileira de Educação*, Porto Alegre, n. 001(61), p. 53-92, jan./mar. 2007.

UM ESTUDO SOBRE AS NOVAS TECNOLOGIAS PARA A INCLUSÃO DE ALUNOS SURDOS E CEGOS

Kathelen Ohana Coelho Salles
Rodrigo Carlos Pinheiro

INTRODUÇÃO

A Educação Básica é um direito de todos, garantido por lei. Dessa maneira, ofertar uma educação de qualidade (e para todos), sem nenhuma forma de discriminação e exclusão, deve ser o papel da escola e, consequentemente, dos(as) educadores(as). Nessa perspectiva, Gilberto Noronha (2016, p. 38) destaca que:

> Os Direitos Humanos reforçam que a educação inclusiva é fundamental para sustentar e defender o exercício da dignidade humana e da cidadania. A necessidade de inclusão, por sua vez, não se restringe apenas aos educandos com algum tipo de deficiência [...]. Entende que a escola seja um espaço amplo que envolve todas as pessoas, pois a educação é um direito universal.

Embora a Educação Inclusiva aborde a necessidade de inclusão de variados grupos que, historicamente, vêm sendo excluídos no Brasil e no mundo, o nosso foco, neste capítulo, será voltado para as pessoas com deficiência, evidenciando, principalmente, as questões de inclusão escolar de estudantes surdos e com deficiência visual.

De acordo com o Plano Nacional de Educação (PNE) de 2014, o Brasil deveria, e deve, promover a inclusão de todos os estudantes, com idade entre 4 e 17 anos, na escola comum. Portanto, estudantes com deficiência devem ser matriculados, preferencialmente, em classes comuns, de modo que o nosso país possa garantir um sistema educacional inclusivo.

Segundo o Instituto Nacional de Estudos e Pesquisas Educacionais Anísio Teixeira (Inep), a porcentagem de alunos com deficiência, transtornos globais do desenvolvimento e altas habilidades ou superdotação matriculados em classes comuns, no Brasil, passou de 46,8%, em 2007, para 85,9%, em 2018. Entre 2017 e 2018, o crescimento foi de 17,4% na Educação Infantil, 10,9% no Ensino Fundamental e 23,4% no Ensino Médio. Em termos numéricos, a possibilidade de inclusão de pessoas com deficiência, em escolas regulares, vem aumentando consideravelmente.

Ao refletir sobre a ampliação e melhoria da Educação Inclusiva, torna-se necessário discutir, também, sobre as *Tecnologias Assistivas*. Segundo Carolina Schirmer *et al.* (BRASIL, 2007), Tecnologia Assistiva é um termo utilizado para identificar todos os recursos e serviços que contribuem para proporcionar ou ampliar habilidades funcionais de pessoas com deficiências e, consequentemente, promover vida independente e inclusão.

Além disso, optamos estudar sobre o uso das Tecnologias de Informação e Comunicação (TICs), pois algumas pesquisas indicam que elas podem contribuir para o processo educacional inclusivo, podendo favorecer, então, o desenvolvimento de alunos surdos e cegos. Entre as principais TICs temos: computadores; internet e ferramentas que compõem o ambiente virtual, como *chats* e correio eletrônico; fotografia e vídeo digitais; TV e rádio digitais; telefonia móvel; Wi-Fi; Voip; *websites* e *home pages*; ambiente virtual de aprendizagem para o ensino a distância, entre outros. Todos esses recursos podem se tornar facilitadores para promover uma Educação Inclusiva.

Nessa perspectiva, surge a seguinte pergunta: como as novas tecnologias podem contribuir para a Educação Inclusiva com vistas à aprendizagem de estudantes surdos e cegos? Ao buscar responder esse questionamento, este estudo se propôs também a verificar como e quais tecnologias podem diminuir as barreiras que os alunos surdos e cegos encontram no ambiente escolar e no processo de ensino e aprendizagem.

Sabemos que os estudos sobre educação de surdos não estão diretamente relacionados com a educação das pessoas com deficiência visual, principalmente pelo fato de a comunidade surda lutar por uma proposta de educação bilíngue, em que as questões linguísticas e culturais são pontos centrais. No entanto, verificamos que a maioria dos estudantes com deficiência – aí se incluem os surdos e cegos – estão matriculados em escolas regulares, cuja proposta pedagógica se baseia na Educação Inclusiva. Nesse sentido, nossos estudos estão voltados a refletir sobre como as novas tecnologias podem favorecer a inclusão de tais estudantes no sistema regular de ensino.

Para melhor compreensão desse assunto, lançamos como objetivo geral refletir sobre a importância do uso das novas tecnologias na Educação Inclusiva, tendo como foco a educação de alunos surdos e cegos. O estudo teve, ainda, como objetivos específicos: a) discutir sobre a relevância da inclusão escolar; b) discutir sobre a Tecnologia Assistiva e a Educação Inclusiva; c) verificar quais ferramentas tecnológicas são utilizadas para a inclusão escolar de alunos surdos e cegos; e d) refletir sobre as possíveis contribuições das novas tecnologias na Educação Inclusiva, com vistas à aprendizagem dos alunos surdos e cegos.

Para realização e condução deste trabalho, utilizamos a pesquisa bibliográfica como design metodológico. Para Luciana Pizzani et al. (2012), a pesquisa bibliográfica pode ser considerada como uma revisão da literatura sobre as teorias mais relevantes que norteiam o trabalho científico, sendo que "essa revisão é o que chamamos de levantamento bibliográfico ou revisão bibliográfica, a qual pode ser realizada em livros, periódicos, artigo de jornais, sites da internet entre outras fontes" (PIZZANI et al. 2012, p. 1).

Portanto, realizamos um levantamento bibliográfico no banco de dados do *Scielo*[1] *e no Google Acadêmico*[2] entre os dias 15/09/2020 e 06/11/2020. O levantamento foi uma forma de verificar os trabalhos que já foram publicados relacionados com a temática deste estudo.

Para a realização do levantamento, utilizamos as seguintes palavras-chave: *inclusão*, *novas tecnologias*, *Tecnologia Assistiva*, *educação de surdos*, *educação de cegos* e *Atendimento Educacional Especializado*. Como o resultado de publicações foi numeroso, fizemos uma consulta cuidadosa de todos os títulos e, em alguns casos, dos resumos, para selecionar os trabalhos diretamente relacionados a nossa temática. Após esse refinamento, restaram 24 artigos, que foram utilizados para a construção desta investigação.

---

[1] Para mais informações, acesse: https://scielo.org/.

[2] Para mais informações, acesse: https://scholar.google.com.br/?hl=pt.

Sendo assim, este artigo é importante por direcionar o olhar para estudos que apresentam a necessidade da inclusão na educação de alunos cegos e surdos e como o uso das novas tecnologias pode contribuir para o processo de ensino e aprendizagem desses alunos.

RESULTADOS E DISCUSSÕES

Inclusão escolar

Educação de qualidade é um direito de todos os brasileiros e brasileiras. Contudo, muitas pessoas ainda não têm acesso a esse direito constitucional de forma justa e igualitária, especialmente as pessoas com deficiência, que foram, historicamente, segregadas e excluídas do sistema educacional regular. A Constituição Federal de 1988 ressalta que todos devem ter os seus direitos respeitados, possuindo alguma deficiência ou não. Entretanto, ainda nos dias atuais, essas pessoas encontram diversas barreiras dentro das escolas e em outros ambientes, o que as leva à exclusão.

Infelizmente, ainda hoje, muitas pessoas surdas não têm acesso a uma educação de qualidade. Nesse sentido, em seus estudos sobre a inclusão dos sujeitos surdos, Cerutti e Toso (2020) dizem que, devido à grande predominância da língua oral na sociedade, as barreiras comunicacionais são reais, o que promove a exclusão desses sujeitos.

Em relação aos sujeitos cegos, ocorre algo semelhante. Carolyn Vash (1998) explica que, pela falta de conhecimento das pessoas videntes em relação às necessidades e potencialidades dos sujeitos cegos, a exclusão destes é uma triste realidade. Para que isso não aconteça, surge a inclusão escolar, cujo princípio é definido pela Secretaria de Educação Especial/MEC:

> A inclusão escolar impõe uma escola em que todos os alunos estão inseridos sem quaisquer condições pelas quais possam ser limitados em seu direito de participar ativamente do processo escolar, segundo suas capacidades, e sem que nenhuma delas possa ser motivo para uma diferenciação que os excluirá das suas turmas (BRASIL, 2010, p. 10).

Todos os alunos possuem necessidades de aprendizagem que são únicas e, quando há uma Educação Inclusiva, todos passam a ter as mesmas oportunidades. Diante disso, foi possível perceber a importância da inclusão na educação.

De acordo com Frias e Menezes (2009, p. 10), "a garantia de uma educação de qualidade para todos implica, dentre outros fatores, um redimensionamento da escola, que consiste não somente na aceitação, mas também na valorização das diferenças".

Seguindo nessa perspectiva, Rita Oliveira (2015) destaca que a Educação Inclusiva propõe o acesso de todos às escolas de ensino regular, o que mostra um avanço conceitual e também significa uma mudança de paradigmas na educação. Para se adequar a essa realidade, felizmente, o Brasil vem definindo políticas públicas e criando instrumentos legais que garantem a inclusão e permanência de todos nas classes comuns do ensino regular.

A inclusão por meio das classes comuns do ensino regular

Todas as escolas do nosso país devem atender aos princípios constitucionais, de forma que nenhuma pessoa possa ser excluída pela sua origem, raça, sexo, cor, religião, idade ou deficiência. A Declaração de Salamanca (UNESCO, 1994) aduz que, conforme o princípio da escola inclusiva, todos devem aprender juntos, independentemente de qualquer dificuldade ou diferença que alguém possa ter.

Segundo a Constituição da República, em seu art. 206, inciso I, um dos princípios para o ensino é a igualdade de condições para o acesso e a permanência na escola. Além disso, o ordenamento maior acrescenta, em seu art. 208, inciso V, que o dever do Estado com a educação será efetivado mediante a garantia de acesso aos níveis mais elevados do ensino, da pesquisa e da criação artística, segundo a capacidade de cada um.

Mediante o exposto, fica claro que a educação realmente deve ser para todos, em um mesmo ambiente, não havendo exclusão. Não obstante isso, infelizmente, a exclusão ainda se faz presente no nosso sistema educacional. Mesmo com a Constituição, ainda há alunos em espaços escolares semi ou totalmente segregados, como as escolas especiais (BRASIL, 2010).

De acordo com a Lei de Diretrizes e Bases da Educação Nacional – LDBEN (BRASIL, 1996), em seu art. 58, 2º parágrafo, o atendimento educacional para os alunos com deficiência deverá ser feito em classes e escolas especializadas quando não for possível a integração desses alunos nas classes comuns do ensino regular. Ou seja, a substituição do ensino regular para o especial ainda é possível. Nesse sentido, verifica-se que muitos estudantes com deficiência ainda frequentam somente as Associações de Pais e Amigos dos Excepcionais (APAE) e, quando isso acontece, há uma exclusão, tendo em vista que todos devem frequentar a escola de ensino regular.

Conforme Rosita Carvalho (2011, p. 103):

> Existem também desafios nas políticas educacionais que são: a base ideológica, a quantidade e a qualidade da oferta educativa, o sentido e o significado da proposta inclusiva e integradora, a valorização do magistério, a terminologia adotada para o alunado da educação especial, a administração dos sistemas educativos e a organização do atendimento educacional escolar.

Então, as escolas e a sociedade precisam ser abertas às diferenças e admitir todos os alunos, o que, além de ser um direito, favorece a formação de cidadãos justos, sem discriminação ou qualquer tipo de preconceito. Seguindo nessa perspectiva, Anache (1994) ressalta que a dificuldade da sociedade em aceitar a cegueira, por exemplo, pode apresentar problemas para a inclusão social, já que a inclusão é um processo mútuo e que envolve tanto a pessoa que possui a deficiência quanto os que a cercam.

Nesse direcionamento, Mantoan (2003) explica que:

> As escolas de qualidade são espaços educativos de construção de personalidades humanas autônomas, críticas, espaços onde crianças e jovens aprendem a serem pessoas. Nesses ambientes educativos, ensinam-se os alunos a valorizar a diferença pela convivência com seus pares, pelo exemplo dos professores, pelo ensino ministrado nas salas de aula, pelo clima sócio afetivo das relações estabelecidas em toda a comunidade escolar sem tensões competitivas, mas com espírito solidário, participativo. Escolas assim concebidas não excluem nenhum aluno de suas classes, de seus programas, de suas aulas, das atividades e do convívio escolar mais amplo. São contextos educacionais em que todos os alunos têm possibilidade de aprender, frequentando uma mesma e única turma (MANTOAN, 2003, p. 64).

Seguindo nessa perspectiva, Peter Mittler (2003) explica que a inclusão não é sobre colocar os alunos em uma situação de deficiência nas escolas regulares, mas sim mudar as escolas para que se tornem mais responsáveis às necessidades de todos. As escolas precisam aceitar as diversidades para que todos sejam beneficiados. Mas, para atender melhor a todos, a escola atual precisa mudar.

Na elaboração do Projeto Político-Pedagógico, as escolas precisam tomar decisões que estejam relacionadas com os propósitos da inclusão, garantindo o necessário para que todos possam aprender e abrir espaço para a cooperação, o diálogo, a solidariedade, a criatividade e o espírito crítico, principalmente, por meio das práticas dos profissionais da educação, em especial a do professor, que deve ser formado para atualizar-se e ministrar um ensino de qualidade a todos. Afinal, adotar práticas excludentes irá impedir que a escola dê o salto qualitativo de que a inclusão necessita (BRASIL, 2010).

Dessa forma, todos devem ser inseridos nas classes comuns de ensino regular e as escolas precisam estar comprometidas com a inclusão. No âmbito da Educação Inclusiva, a Política Nacional de Educação Especial na Perspectiva da Educação Inclusiva (BRASIL, 2008) define o caráter complementar ou suplementar do *Atendimento Educacional Especializado* (AEE), prevendo sua institucionalização no projeto político pedagógico da escola, previsto também na Constituição Federal de 1988.

O Atendimento Educacional Especializado (AEE)

Efetivamente, todos devem aprender juntos, entretanto, alguns alunos precisam de um atendimento especializado para eliminar quaisquer dificuldades ou barreiras que possam vir a atrapalhar sua formação e independência. Assim sendo, o Atendimento Educacional Especializado torna-se um fator importante quando o assunto é inclusão, principalmente por se tratar de um serviço de acessibilidade de ensino.

Segundo a Política de Educação Especial na perspectiva da Educação Inclusiva,

> O atendimento educacional especializado tem como função identificar, elaborar e organizar recursos pedagógicos e de acessibilidade que eliminem as barreiras para a plena participação dos

> alunos, considerando suas necessidades específicas. As atividades desenvolvidas no atendimento educacional especializado diferenciam-se daquelas realizadas na sala de aula comum, não sendo substitutivas à escolarização. Esse atendimento complementa e/ou suplementa a formação dos alunos com vistas à autonomia e independência na escola e fora dela (BRASIL, 2008, p. 9).

Uma vez que o AEE proporciona esse espaço, os alunos com deficiência passam a ter um ambiente em condições adequadas às suas demandas, já que cada aluno possui a sua especificidade, o que facilita o processo de inclusão. O AEE tem como objetivo proporcionar a independência para a realização de tarefas e a construção da autonomia, dentro e fora da escola.

Para os alunos surdos, Damázio (2007) diz que o AEE estabelece, como ponto de partida, o entendimento e o reconhecimento das questões culturais e linguísticas desses estudantes, assegurando a eles o direito de uma educação bilíngue. Porém, alguns professores e pesquisadores entendem que a Educação Bilíngue deve ser um ensino regular e não fazer parte do AEE. É nesse sentido que profissionais e pesquisadores da área elaboraram um trabalho instituído pelo MEC/SEESP que apresenta a seguinte definição sobre Educação Bilíngue:

> A Educação Bilíngue de surdos envolve a criação de ambientes linguísticos para a aquisição da Libras como primeira língua (L1) por crianças surdas, no tempo de desenvolvimento linguístico esperado e similar ao das crianças ouvintes, e a aquisição do português como segunda língua (L2). A Educação Bilíngue é regular, em Libras, integra as línguas envolvidas em seu currículo e não faz parte do atendimento educacional especializado. O objetivo é garantir a aquisição e a aprendizagem das línguas envolvidas como condição necessária à educação do surdo, construindo sua identidade linguística e cultural em Libras e concluir a educação básica em situação de igualdade com as crianças ouvintes e falantes do português (BRASIL, 2014, p. 6).

Assim, na educação bilíngue, a Libras é garantida como primeira língua e como língua de instrução dos surdos brasileiros, que também terão acesso ao aprendizado da língua oficial do Brasil, o Português, na modalidade escrita, como segunda língua (BRASIL, 2005). Mesmo que a proposta de Educação Bilíngue tenha objetivos diferentes da proposta do AEE, a perspectiva adotada por essa proposta é estabelecida no Atendimento Educacional Especializado.

Nesse contexto, o AEE é ofertado aos estudantes surdos de três formas: quando os conteúdos curriculares são esclarecidos em Libras por um professor habilitado (preferencialmente surdo), todos os dias da semana; o ensino de Libras na escola comum, sendo que aulas devem ser ministradas por professor, preferencialmente surdo, a fim de melhorar o estágio de desenvolvimento da Língua de Sinais em que o estudante se encontra; trabalho desenvolvido diariamente, para identificar as particularidades da Língua Portuguesa, com o propósito de melhorar a leitura e a escrita do estudante surdo.

No caso dos alunos com deficiência visual, o AEE oferece várias atividades que promovem a inclusão deles. Para a realização dessas atividades, é necessária a formação de professores no Atendimento Educacional Especializado e a disponibilização de recursos adequados às necessidades de ensino desses alunos. No AEE, esses estudantes aprendem o Sistema Braille, realizam atividades de Orientação e Mobilidade, para que tenham a habilidade de se deslocarem de um lugar para o outro, e utilizam as ferramentas de comunicação, como os sintetizadores de voz (BRASIL, 2006).

Segundo Fávero (2004), o Atendimento Educacional Especializado, ofertado nas Salas de Recursos Multifuncionais, complementa e suplementa a educação escolar e deve ser realizado, preferencialmente, no turno inverso ao da classe comum, já que o foco da inclusão é que todos sejam inseridos nas classes comuns do ensino regular.

As salas de recursos multifuncionais são espaços destinados ao Atendimento Educacional Especializado na mesma escola em que está matriculado ou em uma escola parceira. Nessas salas, o aluno poderá experimentar diversas opções de equipamentos, "até encontrar o que melhor se ajusta à sua condição e necessidade. Junto com o professor especializado aprenderá a utilizar o recurso, tendo por objetivo usufruir ao máximo desta tecnologia" (BRASIL, 2007, p. 33).

De acordo com a Política de Educação Especial na perspectiva da Educação Inclusiva (BRASIL, 2008, p. 11):

> Dentre as atividades de atendimento educacional especializado são disponibilizados programas de enriquecimento curricular, o ensino de linguagens e códigos específicos de comunicação e sinalização e tecnologia assistiva. Ao longo de todo o processo de escolarização esse atendimento deve estar articulado com a proposta pedagógica do ensino comum.

Portanto, compreende-se que o AEE é um a política pública que favorece o processo de inclusão. Esse atendimento disponibiliza recursos e promove atividades para desenvolver o potencial de todos os estudantes, além de viabilizar a sua participação e aprendizagem. Esses recursos estão relacionados à utilização das novas tecnologias e/ou da Tecnologia Assistiva, que podem facilitar a inclusão não só nas escolas, mas também fora delas. Dito isso, o estudo e a discussão sobre a Tecnologia Assistiva se tornam necessários quando o assunto é inclusão.

A Tecnologia Assistiva

A expressão *Tecnologia Assistiva* (TA) surgiu pela primeira vez em 1988, como um elemento jurídico importante dentro da legislação norte-americana. O conjunto de leis regula os direitos das pessoas com deficiência nos Estados Unidos e promove a base legal para fundos públicos na compra de recursos para os que necessitam. Houve a necessidade da regulamentação legal desse tipo de tecnologia e, a partir daí, a população norte-americana que possui deficiência passou a ter garantido o benefício de serviços especializados e o acesso ao arsenal de recursos de que necessitam e que fornecem mais independência, produtividade e inclusão no contexto social (BERSCH, 2017).

Desse modo, Tecnologia Assistiva é um termo utilizado para identificar todo o arsenal de recursos e serviços que contribuem para proporcionar ou ampliar habilidades funcionais de pessoas com deficiência e, como resultado, promover vida independente, inclusão e autonomia (BRASIL, 2007).

Seguindo nessa perspectiva, Galvão Filho *et al.* (2009, p. 26) relatam que:

> Tecnologia Assistiva é uma área do conhecimento, de característica interdisciplinar, que engloba produtos, recursos, metodologias,

> estratégias, práticas e serviços que objetivam promover a funcionalidade, relacionada à atividade e participação, de pessoas com deficiência, incapacidades ou mobilidade reduzida, visando sua autonomia, independência, qualidade de vida e inclusão social.

Logo, a Tecnologia Assistiva torna-se importante quando o assunto é melhorar a funcionalidade do ensino e das ações diárias na educação dos alunos surdos e cegos, por desenvolver recursos de acessibilidade que desmancham muitas barreiras encontradas por esses sujeitos na Educação Básica.

Manzini (2005, p. 82) compreende que:

> Os recursos de tecnologia assistiva estão muito próximos do nosso dia-a-dia. Ora eles nos causam impacto devido à tecnologia que apresentam, ora passam quase despercebidos. Para exemplificar, podemos chamar de tecnologia assistiva uma bengala, utilizada por nossos avós para proporcionar conforto e segurança no momento de caminhar, bem como um aparelho de amplificação utilizado por uma pessoa com surdez moderada ou mesmo veículo adaptado para uma pessoa com deficiência.

A utilização desses recursos traz inúmeras possibilidades para todos, sobretudo para os que possuem deficiências ou mobilidades reduzidas e encontram diversas barreiras na hora de aprender. Radabaugh (1993 *apud* BERSCH, 2017) assinala que, para as pessoas que não possuem deficiência, a tecnologia torna as coisas mais fáceis, mas para as pessoas que possuem alguma deficiência, a tecnologia torna as coisas possíveis. Por isso, as tecnologias devem ser disponibilizadas nas escolas conforme a necessidade de cada um, para facilitar a aprendizagem de todos, sem exclusão.

Todos os recursos e ferramentas que podem ser utilizados para melhorar as capacidades funcionais de uma pessoa com deficiência podem ser definidos como Tecnologia Assistiva e se tornam importantes para a aprendizagem de quem necessita. Compreende-se que a Tecnologia Assistiva faz com que a pessoa com deficiência tenha mais autonomia no seu dia a dia, tanto no ambiente educacional quanto na sua vida diária, o que resultará em um melhor aprendizado e melhor qualidade de vida.

Sendo assim, o professor, como mediador do processo de ensino e aprendizagem, precisa conhecer também as novas tecnologias que exercem um papel fundamental na Educação Inclusiva. Claudia Giroto (2012, p. 22) destaca que,

> [...] toda essa tecnologia disponível representa meios e não um fim em si mesmo. Vale dizer que não é o uso em si que se constitui na meta. A capacitação de professores não pode limitar-se ao aprendizado competente das ferramentas das teces. Ainda, precisam estar muito claras as metas a serem alcançadas com o uso desses recursos. Isto requer a necessidade de que esses professores compreendam efetivamente os princípios e propostas implicadas na educação inclusiva, construindo atitudes genuinamente acolhedoras das diferenças e favoráveis à inclusão.

Portanto, para que a inclusão ocorra de fato, é preciso que os profissionais envolvidos saibam da importância de aceitar as diferenças e valorizá-las. Os educadores precisam buscar estratégias e recursos educativos que possam promover o desenvolvimento global de todos os alunos.

Novas tecnologias disponíveis para a inclusão de alunos surdos e cegos

As novas tecnologias podem se tornar grandes aliadas no processo inclusivo, permitindo que os alunos surdos e cegos possam aprender e conviver com seus colegas nas classes regulares de ensino. De acordo com González (2002, p. 184-185):

> Na concepção do ensino como processo de comunicação didática e nos centrando na interação comunicativa, são evidentes a versatilidade e acessibilidade dos meios audiovisuais e informáticos para a comunicação e interação social dos sujeitos com necessidades especiais.

Portanto, a utilização dessas ferramentas e recursos tecnológicos nas práticas pedagógicas inclusivas permite que os alunos surdos e com deficiência visual possam eliminar as barreiras encontradas no processo de ensino e aprendizagem.

A criação da Lei Brasileira de Inclusão da Pessoa com Deficiência (LBI) - Lei nº 13.146/2015 - aborda, entre outros aspectos, o direito a informação, cultura e lazer em formato acessível (BRASIL, 2015). Com a criação dessa lei, o uso das Tecnologias de Informação e Comunicação (TICs) acessíveis aos alunos com deficiência é um tema que vem crescendo em nosso país. Essa norma busca proporcionar maior autonomia e inclusão desses sujeitos na sociedade.

Os sujeitos surdos, por muitos anos, não tiveram a possibilidade de aprender a Língua de Sinais para se comunicar, sendo obrigados a desenvolver a oralidade e fazer leitura labial (GESSER, 2009). O AEE, por sua vez, pode proporcionar aos surdos o acesso à educação bilíngue e o ensino em classes regulares comuns com a presença de um intérprete de Libras, assegurando, também, o Atendimento Educacional Especializado no turno inverso.

Com respeito à escolarização desses alunos, Gesser (2009), apoiando-se nos estudos de Vygotsky, diz que os surdos não apresentam problemas cognitivos de aprendizagem, mas sim barreiras linguísticas na escolarização. Seguindo nessa perspectiva, Moura (2013, p. 20) postula que é "[...] pela linguagem que o indivíduo estabelece sua identidade e se configura como único nas suas particularidades". Isso evidencia a necessidade de comunicação, de troca de experiências, de interações com o meio para que esses alunos também possam compreender o mundo à sua volta e constituir-se como sujeitos sociais.

Cader-Nascimento e Costa (2003), ao discutirem a inclusão de surdos e surdocegos na rede pública do Distrito Federal, afirmam que a presença de um intérprete e do guia-intérprete vem eliminando obstáculos encontrados por esses alunos no estudo e na comunicação com alunos ouvintes.

No entanto, existem ferramentas tecnológicas capazes de potencializar a inclusão escolar desses alunos. Nesse sentido, por meio das novas tecnologias, os alunos surdos podem ter uma inserção comunicativa maior. Com a internet, por exemplo, eles se comunicam pelas redes sociais, encontram tradutores *on-line*, dicionários e, principalmente, estão em constante uso das mídias digitais.

Existem diversos dicionários *on-line* de Libras-Português, como o dicionário *on-line* de Libras da Universidade Federal de Viçosa (UFV), por meio dos quais todos podem aprender sinais regionais básicos da Língua Brasileiras de Sinais. Esse dicionário,

> [...] possibilita ao usuário a busca de sinais a partir da identificação de categorias como "lugares", "objetos", "animais", "transporte", dentre outros temas. Além disso, este *software* tem sido organizado de modo a apresentar frases no formato da estrutura sintática da Libras bem como a busca por configurações de mão a partir do sinalário (UFV, 2020, s/p).

Esse recurso pode auxiliar no ambiente escolar quando surgir alguma dúvida referente a algum sinal, configuração de mão ou até mesmo para aprender novos sinais da Libras. Isso se torna ainda mais importante quando compreendemos que a Libras "desempenha todas as funções de uma língua e, como tal, poderia ser usada para cumprir o papel que a linguagem oral tem na criança ouvinte" (MOURA, 2013, p. 5).

Outra ferramenta que facilita a comunicação entre surdos e ouvintes é o *Hand Talk*, que foi eleito, pela Organização das Nações Unidas (ONU), o melhor aplicativo social do mundo em 2013. Com o uso do aplicativo é possível traduzir automaticamente textos e áudios para a Libras. Essa tradução é realizada por um personagem animado (avatar) denominado Hugo, que torna a comunicação, de certa forma, divertida e fácil de compreender (CERUTTI; TOSO, 2020).

Existe ainda outro recurso tecnológico direcionado à comunidade surda, que é o *VLIBRAS*, um *software* público brasileiro criado em uma parceria entre a Secretaria de Tecnologia da Informação (STI) e a Universidade Federal da Paraíba (UFPB). O VLIBRAS é um programa brasileiro que faz traduções em tempo real da Língua de Sinais para o Português (CERUTTI; TOSO, 2020). Conforme as informações encontradas no *site*, o *software* "consiste em um conjunto de ferramentas computacionais de código aberto, responsável por traduzir conteúdos digitais (texto, áudio e vídeo) em Língua Brasileira de Sinais – LIBRAS" (BRASIL, 2020, s/p). O *software* reduz barreiras de comunicação e amplia o acesso à informação das pessoas surdas.

O uso desses recursos em sala de aula pode se tornar um grande aliado à educação dos surdos. As ferramentas que contemplam o uso da Libras são necessárias para a educação e a inclusão desses alunos.

Segundo Skliar (2013), a educação de surdos deve ser mediada pela Libras, que é um direito do aluno surdo. Com o uso dessas tecnologias, a comunicação entre surdos e ouvintes se torna mais fácil.

Para as pessoas com deficiência visual, Freire (2000 *apud* DAMASCENO; GALVÃO FILHO, 2002) diz que estes já podem usar sistemas capazes de realizar a leitura de tela e de arquivos por meio de alto-falantes, teclados especiais que possuam pinos metálicos que se levantam formando caracteres sensíveis ao tato e traduzem informações que estão presentes no monitor ou que estão sendo digitadas, e também podem utilizar sistemas que façam a impressão de caracteres em Braille.

Um exemplo desses sistemas é o *DOSVOX*. O programa foi desenvolvido pelo Núcleo de Eletrônica da Universidade Federal do Rio de Janeiro e consiste em um sistema para computadores da linha PC que se comunica em português com o usuário por meio de síntese de voz. O programa torna possível ao cego ter mais independência nos estudos e também a ampliação de tela para as pessoas que possuem a visão reduzida. Além disso, possui programas sonoros para acesso à internet e é composto por sistema operacional, formatador para Braille, calculadora, agenda, programas sonoros para acesso à internet, correio eletrônico, bate-papo e sistema de síntese de fala (PROJETO DOSVOX, 2020).

Outro *software* disponível é o *Virtual Vision*, que utiliza a tecnologia de síntese de voz desenvolvida pela MicroPower®, o DeltaTalk, e que garante a qualidade do áudio. O programa permite aos cegos utilizarem o Windows, aplicativos do Pacote Office e navegar pela internet (VIRTUAL VISION, 2020).

O programa de computador *Jaws* também está disponível no mercado e foi criado pela empresa norte-americana Henter-Joyce, que pertence ao Freedom Scientific. O programa oferece tecnologia de voz sintetizada no Windows para o acesso de *softwares*, aplicativos e recursos na internet. A placa e as caixas de som do computador são utilizadas para dar as informações exibidas no monitor. Qualquer usuário com deficiência visual pode ter acesso ao computador com a utilização das teclas de atalho do programa (JAWS, 2020).

Dessa forma, o uso dessas ferramentas, aliado a uma prática pedagógica, permite que as pessoas com deficiência visual tenham acesso à internet e a programas para a realização de várias atividades, como os próprios trabalhos escolares. Portanto, o uso desses sistemas é um forte aliado para o processo de aprendizagem dos alunos cegos, uma vez que eles passam a ter mais acessibilidade e independência.

Reflexões sobre as novas tecnologias para a inclusão de alunos surdos e cegos

De acordo com Stumpf (2010), do ponto de vista dos surdos, o uso das novas tecnologias promoveu grandes mudanças em relação às possibilidades de comunicação e inclusão. Sobre essas mudanças, a autora destaca:

> No presente momento histórico brasileiro, a língua de sinais aceita e o seu uso regulamentado abrem as portas para profundas mudanças na educação dos surdos, pois o acesso a uma língua plena, aliada ao uso das novas tecnologias, aponta para reais possibilidades de um grande salto de qualidade nessa educação cujo principal objetivo é a inclusão do sujeito surdo na escola e na sociedade (STUMPF, 2010, p. 3).

Assim, saber trabalhar com essas ferramentas tecnológicas na educação dos surdos pode trazer bons resultados, pois, como os surdos estão imersos em uma sociedade majoritariamente ouvinte, a comunicação costuma ser muito reduzida, seja na escola, seja no trabalho ou onde moram (STUMPF, 2010).

Coll e Monereo (2010) ressaltam que os recursos tecnológicos são utilizados em vários âmbitos de atividades humanas. Os alunos dos dias de hoje podem ser considerados nativos digitais, de forma que o uso das tecnologias na educação exerce um papel fundamental para atender às necessidades de cada estudante (SMITH, 2012).

Logo, o uso das novas tecnologias, como aplicativos que traduzem automaticamente textos e áudios para a Libras e sistemas com leitores de tela para deficientes visuais, exercem um papel fundamental nas oportunidades de conhecimento e educação dos alunos surdos e cegos, contribuindo na promoção da Educação Inclusiva.

Além das novas tecnologias citadas anteriormente, existem outras ferramentas de acessibilidade, mas, para escolher qual o melhor recurso a ser utilizado, faz-se necessária uma prática acompanhada por um profissional que esteja comprometido com a inclusão, que leve em conta as necessidades específicas de cada aluno.

Em comparação a isso, Stumpf (2010) diz que, ao escolher uma tecnologia para ser utilizada em sala de aula, o professor precisa ter o conhecimento das possibilidades que são oferecidas por essa ferramenta.

Mara Cardoso (2000) salienta que as escolas recebem alunos com deficiência a cada dia e que o processo de inclusão está acontecendo a todo momento. A autora ainda assevera que diversos laboratórios de informática estão sendo utilizados e que esses alunos, muitas vezes, têm sua participação como apenas observadores ou meros ouvintes, o que pode estar ocorrendo pela falta de programas adequados ou professores preparados.

Silvana Uhmann (2014) explicita, ainda, que no espaço escolar estão inseridos alunos que se diferenciam por sua idade, gênero, nível de acompanhamento escolar, entre outros, o que demanda o entendimento de que todos inseridos nesse espaço possuem suas singularidades em formas de pensar e aprender.

Faz-se necessário, então, o conhecimento e o uso das novas tecnologias para o fortalecimento do processo de inclusão escolar, já que elas podem contribuir para o aprendizado dos alunos surdos e cegos, permitindo-lhes a eliminação de muitas barreiras encontradas no seu cotidiano e também no acesso às novas experiências durante o processo de ensino e aprendizagem e de comunicação com todos os presentes no espaço escolar, não só intérpretes ou professores.

CONSIDERAÇÕES FINAIS

Este trabalho evidencia a relevância de práticas inclusivas na Educação Básica, uma vez que todas as pessoas (com ou sem deficiência) possuem necessidades de aprendizagem específicas. Por isso, todos os recursos que possam contribuir para uma educação de qualidade, inclusiva e sem preconceitos se tornam importantes. Nesse sentido, o Atendimento Educacional Especializado como complemento e suplemento do ensino regular, pode possibilitar que os alunos surdos e cegos tenham acesso a essa educação de qualidade. Cabe, então, aos sistemas de ensino e aos educadores possibilitar condições necessárias para que todos os alunos se sintam incluídos e tenham acesso ao aprendizado.

No estudo sobre a Tecnologia Assistiva, verificamos que são diversos os recursos existentes que podem propiciar a educação de alunos com deficiências. Esses recursos são capazes de promover uma vida mais independente para os que apresentam alguma dificuldade no dia a dia e na hora de aprender. Especificamente, são muitas as possibilidades que esses recursos trazem para os sujeitos surdos e cegos. Dessa maneira, visto que estamos em uma era tecnológica, professores e professoras precisam adquirir novos conhecimentos e fazer uso das Tecnologias Assistivas, de acordo com as necessidades dos estudantes.

O uso dos dicionários *on-line* de Libras e aplicativos de tradução entre o português e a Libras são tecnologias que exercem um papel de relevância para a comunicação entre alunos e professores. Essas tecnologias promovem e facilitam a comunicação entre sujeitos surdos e ouvintes, o que facilita a inclusão dos primeiros no ambiente escolar e, até mesmo, na sociedade.

Outras tecnologias que foram apresentadas neste capítulo e que podem contribuir para a Educação Inclusiva são os sistemas que realizam leituras de tela por meio de alto-falantes, impressão de caracteres em Braille e teclados especiais. Esses recursos facilitam o cotidiano escolar dos alunos com deficiência visual. Com essas tecnologias, o sujeito cego pode fazer uso do computador para realizar diversas atividades, o que pode tornar sua vida mais independente.

Sendo assim, foi possível perceber como o uso das novas tecnologias – e em especial das Tecnologias Assistivas – tem um papel facilitador na Educação Inclusiva. Porém, faz-se necessário o conhecimento dos educadores referente a essas novas ferramentas, pois é notável que o uso desses instrumentos pelos docentes ainda é problemático. Os educadores precisam ter conhecimento das necessidades de cada um dos seus alunos para constatar se o uso das tecnologias pode contribuir, de fato, para o processo de ensino e aprendizagem.

REFERÊNCIAS

ANACHE, Alexandra Ayach. *Educação e deficiência*: estudo sobre a educação da pessoa com "deficiência" visual. Campo Grande: Cecitec/UFMS, 1994.

BERSCH, Rita. *Introdução à Tecnologia Assistiva*. Porto Alegre, 2017. 20f. Disponível em: https://www.assistiva.com.br/Introducao_Tecnologia_Assistiva.pdf. Acesso em: 01 nov. 2020.

BRASIL. *A escola comum inclusiva*. Coleção: a educação especial na perspectiva da inclusão escolar. 2010. 52 f. Secretaria de Educação Especial. Universidade Federal do Ceará. Ceará, 2010.

BRASIL. *Constituição Federal de 1988*. Constituição da República Federativa do Brasil, 1988. Brasília: Senado Federal, 1988. 292 p.

BRASIL. *Decreto nº 5.626*, de 22 de dezembro de 2005. Regulamenta a Lei nº 10.436, de 24 de abril de 2002, que dispõe sobre a Língua Brasileira de Sinais – Libras, e o art. 18 da lei nº 10.098, de 19 de dezembro de 2000. Brasília, 2005. Disponível em: http://www.planalto.gov.br/ccivil_03/_ato2004-2006/2005/decreto/d5626.htm. Acesso em: 02 nov. 2020.

BRASIL. Instituto Nacional de Estudos e Pesquisas Educacionais Anísio Teixeira. *Censo Escolar*, 2020. Brasília: MEC, 2020.

BRASIL. *Lei nº 13.146*, de 06 de julho de 2015. Institui a Lei Brasileira de Inclusão da Pessoa com Deficiência (Estatuto da Pessoa com Deficiência). Brasília, DF, 06 jul. 2015. Disponível em http://www.planalto.gov.br/ccivil_03/_ato2015-2018/2015/lei/l13146.htm Acesso em: 31 out. 2020.

BRASIL. *Lei nº 9.394*, de 20 de dezembro de 1996. Estabelece as Diretrizes e Bases da Educação Nacional. Brasília, DF, 20 dez. 1996.

BRASIL. Ministério da Educação. Secretaria de Educação Especial. *Atendimento educacional especializado*: deficiência física. Organizadora SCHIRMER, Carolina Rizzotto et al.. Brasília: SEESP/SEED/MEC, 2007. 129 p.

BRASIL. Ministério da Educação. *Política Nacional de Educação Especial na Perspectiva da Educação Inclusiva*. Brasília: MEC/SEESP, 2008.

BRASIL. Ministério da Educação. Secretaria de Educação Especial. *Experiências educacionais inclusivas*: Programa educação inclusiva: direito à diversidade. Organizadora Berenice Weissheimer Roth. Brasília: Ministério da Educação, 2006. 191 p.

BRASIL. Planejando a Próxima Década. *Conhecendo as 20 Metas do Plano Nacional de Educação*. Ministério da Educação/Secretaria de Articulação com os Sistemas de Ensino (MEC/Sase). Brasília, DF, Brasil, 2014.

BRASIL. *Relatório do Grupo de Trabalho designado por Portaria Ministerial para elencar subsídios à Política Linguística de Educação Bilíngue* - Língua Brasileira de Sinais e Língua Portuguesa Brasília: MEC/SEESP, 2014.

BRASIL. *VLIBRAS*. Site acessível em Língua Brasileira de Sinais. Disponível em: www.vlibras.gov.br/. Acesso em: 01 nov. 2020.

CADER-NASCIMENTO, Fátima Ali Abdalah Abdel; COSTA, Maria da Piedade Resende da. *A prática educacional com crianças surdocegas*. 2003. 13 f. (Temas em Psicologia) - Universidade Federal de São Carlos, 2003. Disponível em: http://pepsic.bvsalud.org/pdf/tp/v11n2/v11n2a07.pdf. Acesso em: 11 nov. 2020.

CARDOSO, Mara Yáskara N. Paiva. *Informática na educação especial*: análise e avaliação de softwares educacionais para trabalho com alunos especiais. Monografia (Pós-Graduação Lato Sensu área de concentração Educação Especial) - Universidade de Franca, Franca, 2000.

CARVALHO, Rosita Edler. *Removendo barreiras para a aprendizagem*: educação inclusiva. 10. ed. Porto Alegre: Mediação, 2011. 174 p.

CERUTTI, Elisabete; TOSO, Carine. *As tecnologias assistivas e a acessibilidade do sujeito surdo no ensino superior*. 2020. 74 f. *E-book* (Educação Superior). Frederico Westphalen: Universidade Regional Integrada do Alto Uruguai e das Missões, 2020.

COLL, C.; MONEREO, C. Educação e Aprendizagem no século XXI, Novas ferramentas, novos cenários, novas finalidades. In: COLL, C.; MONEREO, C. *Psicologia da educação virtual*: aprender e ensinar com as tecnologias da informação e da comunicação. Porto Alegre: Artmed, 2010, p. 15-46.

DAMASCENO, Luciana Lopes; GALVÃO FILHO, Teófilo Alves. As novas tecnologias como tecnologia assistiva: utilizando os recursos de acessibilidade na educação especial. 2002. 77f. In: CONGRESSO IBERO-AMERICANO DE INFORMÁTICA NA EDUCAÇÃO ESPECIAL, 3., 2002, Salvador, BA, Brasil.

DAMÁZIO, Mirlene Ferreira Macedo. *Atendimento educacional especializado: pessoa com surdez*. Brasília: SEESP/SEED/MEC. 2007. 45 p. Disponível em: http://portal.mec.gov.br/seesp/arquivos/pdf/aee_da.pdf. Acesso em 12 nov. 2020.

FÁVERO, Eugênia Augusta Gonzaga Fávero. *Direitos das pessoas com deficiência: garantia de igualdade na diversidade*. Rio de Janeiro: WVA, 2004. 308 p.

FRIAS, Elzabel Maria Alberton; MENEZES, Maria Christine Berdusco. *Inclusão escolar do aluno com necessidades educacionais especiais: contribuições ao professor do ensino regular*. 2009. 77f. Material didático. Educação, Paranavaí, 2009. Disponível em: http://www.diaadiaeducacao.pr.gov.br/portals/pde/arquivos/1462-8.pdf. Acesso em: 28 out. 2020.

GALVÃO FILHO, Teófilo Alves et al. *Conceituação e estudo de normas*. In: BRASIL. Tecnologia Assistiva. Brasília: CAT/SEDH/PR, 2009. p. 13-39.

GESSER, Audrei. *LIBRAS? Que língua é essa?* Crenças e preconceitos em torno da língua de sinais e da realidade surda. São Paulo: Parábola Editorial, 2009. 87 p.

GIROTO, Claudia Regina Mosca (Org.). *As tecnologias nas práticas pedagógicas inclusivas.* Marília: Cultura Acadêmica, 2012. 235 p.

GONZÁLEZ, José Antonio Torres. *Educação e diversidade*: bases didáticas e organizativas. Porto Alegre: Artmed, 2002. 280 p.

HAND TALK. *Site Acessível em Língua de Sinais.* Disponível em: http://www.handtalk.me/sites Acesso em: 02 nov. 2020.

JAWS. *Job Access With Speech.* Disponível em: https://www.freedomscientific.com/products/software/jaws/. Acesso em: 11 nov. 2020.

MANTOAN, Maria Teresa Eglér. *Inclusão escolar.* O que é. Por quê. Como fazer. 6. ed. São Paulo: Moderna, 2003. 50 p.

MANZINI, Eduardo José. Tecnologia assistiva para educação: recursos pedagógicos adaptados. In: *Ensaios pedagógicos:* construindo escolas inclusivas. Brasília: MEC, SEESP, 2005. 180 p.

MITTLER, Peter. *Educação inclusiva*: contextos sociais. Porto Alegre: Artmed, 2003. 264 p.

MOURA, Maria Cecília de. Surdez e linguagem. In: LACERDA, Cristina Broglia Feitosa de; SANTOS, Lara Ferreira dos (Org.). *Tenho um aluno surdo e agora?*: introdução à Libras e educação de surdos. São Carlos: Edufscar, 2013. p. 13-26.

NORONHA, Gilberto Cézar de. *Da forma à ação inclusiva: curso de formação de professores para atuar em salas de recursos multifuncionais.* Jundiaí: Paco Editorial, 2016. 441 p.

OLIVEIRA, Rita Maria Gonçalves de. *Inclusão escolar*: articulação entre sala de ensino regular e atendimento educacional especializado no município de Imperatriz. In: COSTA, Valdelúcia Alves da. (Org.). Formação e pesquisa: articulação na educação inclusiva. Niterói: Intertexto, 2015. 245 p.

PIZZANI, Luciana et al. *A arte da pesquisa bibliográfica na busca do conhecimento.* Revista Digital de Biblioteconomia e Ciência da Informação, v. 10, n. 2, p. 53-66, 2012.

PROJETO DOSVOX. Disponível em: http://intervox.nce.ufrj.br/dosvox/. Acesso em: 1 nov. 2020.

SKLIAR. Carlos. *A surdez*: um olhar sobre as diferenças. 8. ed. Porto Alegre: Mediação, 2013. 192 p.

SMITH, Jenna M. *The beyonder app:* designing a website and a mobile application for teachers to integrate the torrance incubation model into classroom contente. 2012. 90 f. (Mestrado em Ciências) – Universidade Estadual de Nova York, 2012. Disponível em: https://digitalcommons.buffalostate.edu/cgi/viewcontent.cgi?article=1149&context=creativeprojects. Acesso em: 09 nov. 2020.

STUMPF, Marianne Rossi. *Educação de Surdos e Novas Tecnologias*. 2010. 34 f. Monografia (Licenciatura e Bacharelado em Letras-Libras na Modalidade a Distância) – Universidade Federal de Santa Catarina, Florianópolis, 2010.

UFV. *Dicionário on-line de Libras da UFV*. Disponível em: https://sistemas.cead.ufv.br/capes/dicionario/. Acesso em: 07 nov. 2020.

UHMANN, Silvana Matos. *A escola e as classes especiais*: vivências e Saberes na escolarização de alunos deficientes. Curitiba: Appris, 2014.

UNESCO. *Declaração de Salamanca e enquadramento da ação na área das necessidades educativas especiais*. Conferência Mundial sobre Necessidades Educativas Especiais: Acesso e Qualidade. UNESCO. Salamanca, Espanha: UNESCO, 1994.

VASH, Carolyn. E*nfrentando a deficiência: a manifestação, a psicologia, a reabilitação.* São Paulo: Pioneira, 1988. 283 p.

VIRTUAL VISION. Disponível em: https://www.virtualvision.com.br/. Acesso em: 11 nov. 2020.

LIVRO DIDÁTICO DE LÍNGUA PORTUGUESA ADAPTADO EM LIBRAS: USO E APROPRIAÇÃO PELO ALUNO SURDO

Dayse Garcia Miranda

> "Os métodos tradicionais devem ser esquecidos e a escola deve abrir suas portas para o novo, para as novas exigências das relações em sociedade" (FISCARELLI, 2008, p. 123).

"Educação para todos", partindo desse princípio, a escola deve buscar se adequar pela diversidade e pela flexibilidade, como também pela necessidade de atender às diferentes demandas de ordens culturais, sociais, regionais (BUNZEN; ROJO, 2005, p. 78) e linguísticas. Dessa forma, as escolas se orientam por uma proposta educacional que prima pela renovação e melhor condição do aprendizado, procuram vários recursos para auxiliar os processos de transmissão de conhecimentos aos seus diferentes públicos.

Nessa perspectiva, está a reflexão sobre os livros didáticos (LD) e, nesse caso específico, acessível e/ou adaptado para alunos surdos. Dentro dessa conjectura, é grande o investimento por parte dos governantes para a aquisição de materiais didáticos, principalmente os das novas tecnologias, como vídeos, multimídia, games e internet (FISCARELLI, 2008). Livros, apostilas, e-books e materiais didáticos digitalizados adaptados para alunos com deficiência, bem como instrumentos, materiais instrucionais e produtos pedagógicos são utilizados em salas de aula com uma única função: experimentar e buscar a melhor forma para reter e aprimorar conteúdos, garantindo uma aprendizagem mais sólida.

O argumento para a adaptação à Língua Brasileira de Sinais (Libras) de livros didáticos (LD) para alunos surdos apoia-se nas orientações do documento[1] que propõe a implementação da Política Nacional de

[1] Política Nacional de Educação Especial na Perspectiva da Educação Inclusiva.

Educação Especial na perspectiva da Educação Inclusiva (BRASIL, 2015). Nesse documento está destacado que os livros didáticos e paradidáticos de alfabetização devem ser produzidos no formato acessível em Língua Portuguesa (LP) e Libras. A mesma orientação também se encontra no Decreto nº 9.465, de 2 de janeiro de 2019, art. 35, e refere-se à Diretoria de Políticas de Educação Bilíngue de Surdos, deixando explícita, no item V, "[...] a elaboração de materiais didáticos bilíngues" (BRASIL, 2019, p. 19).

Inicialmente, considera-se que, para viabilizar o processo de inclusão dos alunos surdos no ensino regular, está prevista uma reestruturação do sistema de ensino para que as escolas possam se adequar às diferentes necessidades de ensino e aprendizagem desse público. Essa reestruturação deve ocorrer por meio da elaboração de projetos pedagógicos que se apoiarão, em cada escola, no reconhecimento dos tipos de necessidades pedagógicas que os alunos irão apresentar. Isso significa que a reorganização desses projetos deve considerar, entre outros aspectos, a possibilidade da interação dos alunos por meio da Libras,[2] a presença de professores capacitados para o atendimento das necessidades educativas especiais desses estudantes e o apoio de um intérprete de Libras/LP,[3] além de espaços, recursos e materiais didáticos apropriados para esses fins (MIRANDA, 2010).

Nesse sentido, vale destacar que a entrada da Língua de Sinais na escola não caracteriza a eliminação da Língua Portuguesa, ao contrário, apoia-se na ideia de um espaço escolar bilíngue: o uso da Libras e da LP. A proposta de educação bilíngue para surdos, segundo Skliar (1999), pode ser definida como uma oposição às práticas clínicas[4] e como reconhecimento político da surdez como diferença.

Em se tratando de LD, relevante é direcionar os argumentos e a discussão para os livros didáticos de português (LDP) adaptados em Língua

---

[2] Língua Brasileira de Sinais.

[3] Língua Portuguesa.

[4] Segundo Skliar (1999), as políticas institucionais voltadas a essas pessoas não só sugeriam o uso da terminologia "deficiente auditivo" ou "portador de deficiência auditiva", como também negavam aos surdos o direito de conviverem entre si, de organizarem-se em grupo e/ou associações, bem como de se tornarem cidadãos, pois não lhes era permitida a apropriação da LS. Eram vistos e tratados como doentes, e todos os esforços eram empreendidos no sentido de torná-los sãos, de normalizá-los. Embora fossem adotados todos os recursos para reparar a deficiência auditiva, estavam bastante aquém do objetivo principal, que é dar ao surdo a aquisição e o desenvolvimento normal da linguagem.

de Sinais. Mesmo com as mudanças temporais e a entrada da tecnologia na escola, a LP se manteve como um instrumento de comunicação e expressão da cultura brasileira, embora, no contexto educacional contemporâneo, o reconhecimento e a legitimação de diferentes demandas culturais, sociais e linguísticas estivessem presentes no âmbito escolar.

Quanto ao ensino de LP para surdos, Santos (2012) afirma que há uma lacuna no ensino de Língua Portuguesa desses estudantes no quesito de ferramentas pedagógicas, pois não se dispõe de quantidade significativa de materiais para o ensino de uma segunda língua que contemplem a educação bilíngue para surdos. A elaboração de propostas fundamentadas na acessibilidade e no uso de recursos e MDs adaptados para o aluno com necessidades especiais está orientada pela legislação, cita-se, como exemplo, o Decreto-Lei nº 7.084/2010 (BRASIL, 2010), que dispõe sobre os programas de material didático e dá outras providências. Nas Disposições Gerais, tem-se, no art. 2º, dos objetivos, em um de seus incisos, a proposta para a democratização do acesso às fontes de informação e cultura. No art. 3º, em um de seus itens, está a garantia de isonomia. Entretanto, no Capítulo V, das Disposições Finais, ressalta-se:

> Art. 28: Ministério da Educação adotará mecanismos para promoção da acessibilidade nos programas de material didático destinados aos alunos da educação especial e seus professores das escolas de educação básica públicas.
>
> Parágrafo único. Os editais dos programas de material didático poderão prever obrigações para os participantes relativas a apresentação de formatos acessíveis para atendimento do público da educação especial (BRASIL, 2010, p. 8).

Com isso, esse dispositivo legal fomenta publicações, pelas editoras, de LDs adaptados em Libras como forma de promover a acessibilidade ao aluno surdo. Corroborando a visão de formato acessível de um MD, tem-se, no Decreto-Lei nº 5.626/2005,[5] que dispõe sobre a Libras, a defesa do uso e da divulgação dessa língua nos espaços educativos.

---

[5] O Decreto-Lei nº 5.626/2005 regulamenta a Lei nº 10.436, de 24 de abril de 2002, que dispõe sobre a Língua Brasileira de Sinais, e o art. 18 da Lei nº 10.098, de 19 de dezembro de 2000.

Embora as recentes deliberações tomadas no campo da política educacional sejam reconhecidas como importantes avanços, não significa que haja um consenso de posições entre os pesquisadores e comunidade surda brasileiros (MIRANDA, 2010). De maneira geral, o principal problema é que a adoção do enfoque bilíngue pode instituir a Libras como língua de instrução, mas sua implantação nos recursos didáticos poderá significar o enfrentamento de dificuldades, pois, nesse formato de acessibilidade, a LP mantém-se como língua oficial para ler e escrever, sendo, portanto, a língua de instrução legitimada (MIRANDA, 2010, 2016); e, assim, não se adequa às necessidades da criança surda que tem a LP como segunda língua, e esta não é sua primeira língua, nem é a base comunicativa para apreender uma outra língua.

Com isso, discorre-se, a seguir, esclarecendo algumas indagações quanto ao LD adaptado em Libras para crianças surdas na perspectiva da surdez.

LIVRO DIDÁTICO ADAPTADO EM LIBRAS

Toda e qualquer discussão quanto à surdez passa pela língua. A língua configura-se como um meio em que se definem propostas e projetos voltados para as pessoas surdas tanto no campo educacional quanto no linguístico. Dessa forma, a reflexão quanto ao LD para surdos caminhará pela perspectiva do uso da língua e suas contribuições para o aprendizado de uma segunda língua.

Defende-se que o livro didático é mais que um simples objeto dentro do ambiente escolar. Certamente, ocupa um lugar significativo e é uma ferramenta didático-pedagógica fundamental no processo de escolarização. Normalmente, o livro didático é um material impresso elaborado por especialistas de diferentes áreas, composto por textos, sistematizações, exemplos, exercícios, que auxiliam o professor na dinâmica da sala de aula. Com o avanço da tecnologia, no campo da educação, o LD tem sido enriquecido por componentes midiáticos. Atualmente, encontram-se versões digitalizadas, que podem ser uma simples digitalização da página impressa, inclusão de animações, *site*, indicação de *links* e/ou com um CD-ROM.

Nos LDs adaptados em Libras, o diferencial está no acréscimo de um CD-ROM em Libras. Nesse formato digital, salienta-se que todos os textos (títulos, subtítulos, canções, poemas, questões etc.) se subdividem em unidades de tradução,[6] termo específico usado no campo dos estudos da área de tradução e interpretação em línguas. Nota-se que as unidades de tradução foram divididas por frases e orações. Assim, repetindo, a cada frase encontra-se um ícone que, quando aberto, mostra uma intérprete traduzindo a frase em Língua Portuguesa para a Língua Brasileira de Sinais.

No intuito de promover acessibilidade educativa para crianças surdas, a elaboração e a adaptação de materiais pedagógicos são ações mais comuns. A entrada da LS[7] nos materiais didáticos abre perspectivas para pensar outros aspectos que envolvem o ensino-aprendizado. Considerando a LS como primeira língua, língua visual, representada pela imagem em movimento (vídeos/imagem) e base para se chegar à Língua Portuguesa escrita, pode-se, então, ponderar que a passagem de uma língua à outra só ocorrerá, nas premissas da surdez, por meio do olhar. Dessa forma, para adentrar no mundo da leitura e escrita de uma segunda língua, deve-se percorrer, primeiramente, a leitura da primeira língua.

LÍNGUA PORTUGUESA, SEGUNDA LÍNGUA

No caso do aprendizado de segunda língua, a partir de uma tradução, conforme se verifica nos LDPs adaptados em Libras, Krusser (2017) diz que, quando um texto escrito passa a ser apresentado em vídeo por um intérprete de língua de sinais, e se o leitor surdo se sente confortável ao estudar no material traduzido, a leitura flui confortavelmente e as interferências gráficas contribuem para os objetivos propostos pelo texto, ou pelas diferentes partes deste. Ler em vídeos na língua de sinais exige ações do leitor que são diferentes e bem menos estudadas até agora do que a leitura de textos escritos (KRUSSER, 2017).

[6] Unidade de tradução é um segmento do texto de partida, independentemente de tamanho e forma específicos, para o qual, em um dado momento, se dirige o foco de atenção do tradutor. Trata-se de um segmento em constante transformação, que se modifica segundo as necessidades cognitivas e processuais do tradutor. A unidade de tradução pode ser considerada como a base cognitiva e o ponto de partida para todo o trabalho processual do tradutor. Suas características individuais de delimitação e sua extrema mutabilidade contribuem fundamentalmente para que os textos de chegada tenham formas individualizadas e diferenciadas. O foco de atenção e consciência é o fator direcionador e delimitador da unidade de tradução e é por meio dele que ela se torna momentaneamente perceptível (ALVES, 2000 *apud* MIRANDA, 2010).

[7] Língua de Sinais.

Ressalta-se que formas distintas de textos promovem formas diferentes de leitura. Diferentes modos discursivos demandam diferentes atitudes e envolvimento do leitor. Assim, Quevedo (2013) destaca que as diferenças ou similaridades de um conteúdo, a linguagem utilizada e seu modo de articulação configuram uma narratividade específica. Portanto, a possibilidade de apresentar um mesmo conteúdo instrucional em diferentes linguagens compõe discursos diferenciados (QUEVEDO, 2013, p. 15).

Para Krusser (2017), dentro dos pressupostos da surdez, a compreensão do texto e a aprendizagem podem ser beneficiadas ou depender de uma abordagem mais visual, assim, a autora considera que a eficácia de um texto em Libras pode estar definida pela sua *legibilidade, leiturabilidade e intencionalidade visual.* Para Krusser,

> A legibilidade dos vídeos em Libras para uma leitura confortável depende principalmente das cores, relação figura e fundo, tamanho e resolução. A qualidade dos vídeos pode gerar arquivos de tamanho muito grande, que causam problemas para visualização em caso de conexões lentas com a internet, um tempo longo para *download* e espaço de memória considerável para arquivamento. A compactação dos vídeos pode ser feita na resolução espacial, com compactação das imagens de cada quadro, e na resolução temporal, diminuindo o número de quadros mostrados por segundo (KRUSSER, 2017, p. 88).

A divergência entre os alunos surdos – seja na proficiência da língua de sinais, seja no grau de instrução variado entre os que estão no mesmo nível escolar – interfere na compreensão sobre as condições de leitura em textos sinalizados. A educação de surdos na inclusão escolar brasileira é, muitas vezes, feita de maneira displicente, sem conhecimento de suas necessidades e sem acompanhamento adequado para a aprendizagem. Um texto visível, com sinais reconhecíveis, não garante sua compreensão, muito menos passa a ser agradável e significativo (KRUSSER, 2017, p. 88).

Continuando a reflexão quanto à tradução de línguas (LP/LS) que objetiva que o texto-meta cumpra a mesma função do texto de origem, escrito – e levando em consideração os aspectos da cognição visual dos usuários da língua de sinais –, tem-se que pensar no planejamento e na elaboração do *design* para a tradução em Libras e na composição dos elementos que originam o texto sinalizado. Assim, Krusser salienta:

> Na tradução de um texto escrito para um vídeo com texto em Libras ocorrerão necessárias transformações na forma. Tanto o texto escrito, como vídeo em língua de sinais apresentam conteúdos verbais, mas na tradução para Libras o texto escrito passa a ser apresentado por um intérprete em vídeo e o projeto editorial sofre uma mudança bastante radical exigindo um trabalho de (re)criação do *design*, utilizando outros elementos (KRUSSER, 2017, p. 106).

Corroborando a discussão, Coscarelli (1996) afirma que a leitura é entendida como um complexo processo de fazer inferência - desde a percepção dos recursos imagéticos e gráficos - e acrescenta a ideia das composições estéticas de espaço tanto para texto em LP quanto para texto em LS. O leitor do texto midiático precisa entender seus significados para além do que está visualmente na tela. A produção de inferências é de extrema importância para a compreensão do texto. Segundo a autora, é o processo pelo qual o leitor (ouvinte/surdo) liga a informação textual a itens de seu conhecimento prévio e, assim, estabelece sua compreensão do texto.

Pondere-se, a partir de Miranda (2016), que, ao se pensar uma metodologia de ensino e aprendizagem para alunos surdos, cabe ressaltar a importância de introduzir, o quanto antes, a LS nos espaços escolares. Entretanto, a simples entrada de outra língua num ambiente e/ou atividade de aprendizagem não remete à mesma condição de compreensão de todos os aprendizes envolvidos na dinâmica de ensino. Dessa maneira, a Libras pode facilitar a compreensão do aluno surdo no processo de aprendizagem da LP; porém, a diferença quanto à modalidade das línguas envolvidas no processo de aprendizagem deve ser estudada: Libras é espaço-visual, enquanto a LP é oral-auditiva. Trata-se de línguas com estruturas linguísticas diferentes, e, por isso, metodologias de ensino que englobem recursos didáticos para crianças surdas e ouvintes necessitam que as especificidades das línguas envolvidas sejam demarcadas.

Autores como Leite e Cardoso (2009) enfatizam que a elaboração e a seleção de atividades para o ensino de segunda língua devem estar orientadas pela ênfase de que o canal de aprendizagem do surdo está na visão, e não na audição. Se essa preocupação não for levada em consideração, certamente, as atividades serão inapropriadas às crianças surdas, pois demandam respostas que se relacionadas ao ato de ouvir.

Dessa maneira, estas atividades evidenciam que o livro didático adaptado em Libras não contempla a condição da surdez e que suas atividades estão desenhadas para uma perspectiva que se sustenta pela sonoridade. Faz-se necessário dar ao aluno surdo possibilidades de lidar com uma língua escrita construída totalmente isenta do uso de sons, ou seja, baseada na relação grafo/visual: "É nesse sentido que postulamos que o enunciado de uma atividade e a forma pela qual se exige uma ação do aluno frente àquela atividade pode incluí-lo ou excluí-lo da situação de aprendizagem e, consequentemente, da escola" (LEITE; CARDOSO, 2009, p. 3441).

Adentrando na surdez, temos em Silva (2008) a afirmação de que o processo de aquisição do português escrito pelo aluno surdo é complexo e motivo de preocupação entre os educadores da área. A LS tem uma estrutura específica e não se assemelha à forma oral e/ou escrita da LP. Quadros (1997, 2006) enfatiza que, ao longo do tempo, a aquisição do português escrito por crianças surdas baseou-se no ensino do português para crianças ouvintes. As várias tentativas de alfabetizar o surdo dessa forma, desde a utilização de métodos artificiais de estruturação de linguagem até o uso do português sinalizado, demonstraram o fracasso dessa metodologia de ensino: "a criança surda não atinge o domínio da língua portuguesa, a língua ensinada oralmente e graficamente durante todo o período em que fica na escola" (QUADROS, 1997, p. 111).

A criança surda não percorre o mesmo caminho que a ouvinte; isto é, não há uma relação entre a fala oral e a escrita, embora se identifiquem resultados e práticas que se apoiam em recursos da oralidade e ocasionam, assim, fracassos na escrita. Conforme Pereira (2009), esses efeitos insatisfatórios não decorrem da dificuldade dos surdos em lidar com os símbolos escritos, mas da falta de uma língua(gem) compartilhada tanto na família quanto na escola, base da constituição da escrita. Sendo assim, não se pode esquecer que a maior parte das crianças surdas inicia seu processo de leitura e escrita de português ao mesmo tempo que aprende a Libras.

Pensando no quesito da acessibilidade, confirma-se que a maioria dos projetos educacionais para as crianças surdas ignora o papel social da escrita e as estratégias no uso de duas línguas; como também desconhecem que as crianças surdas são expostas às línguas tardiamente e/ou de forma limitada. Assim, é necessário que a concepção de adaptação e/ou elaboração dos recursos pedagógicos tenha condições de representar as experiências visuais, que são básicas na interação do surdo com o mundo.

A perspectiva em que se encontra esse LDP demonstra que a LS e a LP, mesmo sendo modalidades diferentes, podem estar simultaneamente envolvidas, interligadas numa mesma tela, isto é, num formato digital. Contudo, mantém o reforço de considerar a LS apenas como um suporte básico para o ensino da LP escrita. Sendo assim, está do lado contrário do reconhecimento, da oficialização e de todo o movimento político que afirma ser a Libras a primeira língua e a LP, a segunda língua da pessoa surda.

A tecnologia de comunicação deve incorporar o modelo linguístico e cultural das pessoas surdas e assegurar ambientes midiáticos culturalmente apropriados e que promovem interações na LS. As TICs como ferramenta para proporcionar acessibilidade carregam o potencial de capacitar educadores e promover a aprendizagem das crianças. *Softwares*, *sites* e outros recursos midiáticos permitem compartilhar a riqueza da cultura dos surdos e incentivar o desenvolvimento da linguagem e da alfabetização. Assim, acredita-se que crianças surdas e ouvintes expostas aos diferentes modelos linguísticos ganham empatia pela semelhança e pela diferença.

CONSIDERAÇÕES FINAIS

Crianças surdas que possuem metalinguagem em sua língua têm uma base firme de apoio para se desenvolverem na L2, neste caso, LP. Contudo, a escola deve estimular na criança surda o interesse pelas mídias sociais. As crianças surdas, primeiramente, precisam desenvolver escritas sociais que possam ser aprimoradas com o uso de ambientes de *chat*, mensagens de texto, *e-mail*, Twitter, entre outros recursos tecnológicos (GÁRATE, 2014).

Com relação ao livro didático adaptado em LS, tem-se, em Gárate (2014), a ponderação de que existem muitos recursos tecnológicos que têm legitimado o uso da língua de sinais nos espaços educativos. No entanto, a LS está no lugar de apoio à língua escrita, mas não como um contribuinte igual, ou seja, é vista como um modo de comunicação. Essa abordagem falha quando não entende que o aluno surdo não tem a mesma experiência pedagógica para executar tarefas em sua LS. Para a autora, os alunos surdos precisam vivenciar em sua língua experiências didáticas que se assemelhem às tarefas em LS.

A proposta do livro didático digital bilíngue acrescenta-se ao LD adaptado em LS, em específico, à LP, e passou a ser uma realidade. Basso (2003) pondera que é preciso refletir se a tecnologia vem ocupar o lugar das diversas abordagens educacionais destinadas às crianças surdas, ou se se tornará, efetivamente, elemento transformador da realidade social desses sujeitos, desenvolvendo neles a capacidade de examinar autônoma e criticamente as imagens; ou seja, se, a despeito de todos os esforços, se tornará um novo e sofisticado elemento de sua dominação.

REFERÊNCIAS

BASSO, Idavânia Maria de Souza. *Mídia e educação de surdos*: transformações reais ou uma nova utopia? Ponto de Vista, Florianópolis, n. 05, p. 113-128, 2003.

BRASIL. *Decreto nº 7.084*, de 27 de janeiro de 2010. Dispõe sobre os programas de material didático e dá outras providências. Disponível em: http://www.planalto.gov.br/ccivil_03/_ato2007-2010/2010/decreto/d7084.htm. Acesso em: set. 2022. [Revogado pelo Decreto nº 9.099].

BRASIL, 2015. *Orientações para implementação da política de educação especial na perspectiva da educação inclusiva*. MEC / SECADI /DPEE/2015.

BRASIL. *Decreto nº 9.099*, de 18 de julho de 2017. Dispõe sobre o Programa Nacional do Livro e do Material Didático. Disponível em: http://www.planalto.gov.br/ccivil_03/_Ato2015-2018/2017/Decreto/D9099.htm#art29. Acesso em: set. 2022.

BRASIL. *Decreto nº 9.465*, de 2 de janeiro 2019. Aprova a Estrutura Regimental e o Quadro Demonstrativo dos Cargos em Comissão e das Funções de Confiança do Ministério da Cidadania, remaneja cargos em comissão e funções de confiança, transforma cargos em comissão do Grupo-Direção e Assessoramento Superiores – DAS e Funções Comissionadas do Poder Executivo – FCPE e substitui cargos em comissão do Grupo-Direção e Assessoramento Superiores – DAS por Funções Comissionadas do Poder Executivo - FCPE. http://www.planalto.gov.br/ccivil_03/_ato2019-2022/2019/decreto/D9674.htm. Acesso em: set. 2022. [Revogado pelo Decreto nº 10.357].

BRASIL. *Decreto nº 10.357*, de 20 de maio de 2020. Aprova a Estrutura Regimental e o Quadro Demonstrativo dos Cargos em Comissão e das Funções de Confiança do Ministério da Cidadania e remaneja cargos em comissão e funções de confiança. Disponível em: http://www.planalto.gov.br/ccivil_03/_ato2019-2022/2020/Decreto/D10357.htm#art6. Acesso em: set. 2022. [Revogado pelo Decreto nº 11.023].

BRASIL. *Decreto nº 11.023*, de 31 de março de 2022. Aprova a Estrutura Regimental e o Quadro Demonstrativo dos Cargos em Comissão e das Funções de Confiança do Ministério da Cidadania e remaneja e transforma cargos em comissão e funções de confiança. Disponível em: http://www.planalto.gov.br/ccivil_03/_ato2019-2022/2022/Decreto/D11023.htm#art8. Acesso em: set. 2022.

BUNZEN, Clécio; ROJO, Roxane. Livro didático de língua portuguesa como gênero do discurso: autoria e estilo. In: COSTA VAL, Maria da Graça; MARCUSCHI, Beth (Org.). *Livros didáticos de língua portuguesa*: letramento, inclusão e cidadania. Belo Horizonte: Ceale/Autêntica, 2005. p. 73-117.

COSCARELLI, Carla Viana. Leitura em ambiente multimídia e a produção de inferências. In: GUIMARÃES, Ângelo de M. (Ed.). *Anais do VII Simpósio Brasileiro de Informática na Educação*. Belo Horizonte: DCC/UFMG, nov. 1996. p. 449-456.

FISCARELLI, Rosilene Batista de Oliveira. *Material didático*: discurso e saberes. Araraquara: Junqueira e Marin, 2008.

GÁRATE, Maribel. Developing Bilingual Literacy in Deaf Children. In: *Literacies of the Minorities:* Constructing a Truly inclusive society. Kurosio Publishers, 2014.

KRUSSER, Renata da Silva. *Design editorial na tradução de Português para Libras*. Tese (Doutorado em Estudos da Tradução) – Programa de Pós-Graduação em Estudos da Tradução, Universidade Federal de Santa Catarina, Florianópolis, 2017.

LEITE, Jáison Gonçalves; CARDOSO, Cancionila Janzkovski. I*nclusão Escolar de Surdos*: uma análise de livros de alfabetização. In: CONGRESSO NACIONAL DE EDUCAÇÃO, 9., PUCPR, 2009.

MIRANDA, Dayse Garcia. *As mediações linguísticas do intérprete de Língua de Sinais na sala de aula inclusiva*. Dissertação (Mestrado) – Faculdade de Educação, Universidade Federal de Minas Gerais, Belo Horizonte, 2010.

MIRANDA, Dayse Garcia. *Material didático digital:* nova forma de o aluno surdo "ler" e "interagir" com os conteúdos educacionais. Texto Livre: Linguagem e Tecnologia, Belo Horizonte, v. 9, n. 2, p. 185-198, jul.-dez. 2016. DOI: 10.17851/1983-3652.9.2. Disponível em: https://periodicos.ufmg.br/index.php/textolivre/article/view/16735/13492. Acesso em: set. 2022.

PEREIRA, Maria Cristina da Cunha. *O papel da língua de sinais na aquisição da escrita por estudantes surdos*. Secretaria da Educação, CENP/CAPE-SP, 2009.

QUADROS, Ronice Müller de. *Educação de surdos*: a aquisição da linguagem. Porto Alegre: Artmed, 1997.

QUADROS, R. M.; SCHMIEDT, M. L. P. *Ideias para ensinar português para alunos surdos*. Brasília: MEC/Seesp, 2006.

QUEVEDO, Silvia Regina Pochmann de. *Narrativas hipermidiáticas para ambiente virtual de aprendizagem inclusivo*. 379 f. Tese (Doutorado em Engenharia e Gestão do Conhecimento) - Universidade Federal de Santa Catarina, Florianópolis, 2013.

SANTOS, Eli Ribeiro dos. *O ensino de Língua Portuguesa para surdos: uma análise de estratégias e materiais didáticos*. Anais do SIELP, Uberlândia, v. 2, n. 1, 2012.

SILVA, Simone Gonçalves de Lima da. *Ensino de língua portuguesa para surdos*: das políticas às práticas pedagógicas. Dissertação (Mestrado em Educação) - Programa de Pós-graduação em Educação, Universidade Federal de Santa Catarina, Florianópolis, 2008.

SKLIAR, Carlos (Org.). *Atualidade da educação bilíngue para surdos*. 2. ed. Porto Alegre: Mediação, 1999. 2v.

SOBRE AUTORAS E AUTORES

Ana Maria Silva

Graduada em História e Biblioteconomia pela Universidade Federal de Minas Gerais (UFMG). É mestra em Educação pela Universidade do Estado de Minas Gerais (UEMG), professora da Rede Municipal de Educação de Belo Horizonte e membro do Núcleo Étnico-racial da Regional Venda Nova.
E-mail: clio.ana@edu.pbh.gov.br

Cláudio Eduardo Resende Alves

Pós-Doutor em Educação pela Universidade Federal de Minas Gerais (UFMG) e doutor em Psicologia pela Pontifícia Universidade Católica de Minas Gerais (PUC Minas), com estágio de doutoramento no Centro de Estudos Sociais da Universidade de Coimbra, em Portugal. Também é mestre em Ensino e graduado em Ciências Biológicas pela PUC Minas, bem como gestor de Políticas Públicas da Secretaria Municipal de Educação de Belo Horizonte. É autor do livro "Nome Sui Generis: o nome (social) como dispositivo de identificação de gênero".
E-mail: cadu.alves@edu.pbh.gov.br

Daniel Santos Braga

Docente em cursos de formação de professores da Universidade do Estado de Minas Gerais (Ibirité, MG), onde coordena o Laboratório de Alfaletrar e Políticas para Infâncias (LAPIS). É doutor em Educação pela Universidade Federal de Minas Gerais (UFMG), mestre em Educação pela Universidade do Estado de Minas Gerais (UEMG), pedagogo (formado pela Universidade do Estado de Minas Gerais, em 2016) e historiador (pela UNI-BH, em 2008).
E-mail: danielsantosbraga@gmail.com

Dayse Garcia Miranda

Doutora em Estudos de Linguagens pelo Centro Federal de Educação Tecnológica de Minas Gerais (CEFET/MG), mestre em Educação pela Faculdade de Educação da Universidade Federal de Minas Gerais (UFMG), com Pós-Graduação em Educação Inclusiva pela Fundação João Pinheiro (FJP/MG), com graduação em Psicologia pela Fundação Mineira de Educação e Cultura (FUMEC). Atualmente, é professora adjunta do Departamento de Letras da Universidade Federal de Ouro Preto (UFOP), membro do Núcleo de Estudos de Libras, Surdez e Bilinguismo (NELiS), que conta com a participação de pesquisadores de outras universidades. Possui conhecimento e experiência nas seguintes áreas relacionadas à surdez: Educação Especial, Inclusiva e Bilinguismo; Língua de Sinais (proficiência); Português como L2; Avaliação, formação e capacitação de intérprete e tradutores do Par-linguístico Libras/Português; Sala de aula bilíngue; Alunos Surdos; Intérprete Educacional.
E-mail: dayse.miranda@ufop.edu.br

Esther Aparecida Pantoja de Freitas Oliveira

Estudante de Pedagogia da Faculdade de Educação da Universidade Federal de Minas Gerais (UFMG), bolsista de Iniciação Científica do Conselho Nacional de Desenvolvimento Científico e Tecnológico e integrante do Grupo de Estudos e Pesquisas sobre Educação Especial e Direito Escolar (GEPEEDE).
E-mail: esther.oliveira90@gmail.com

Isabella Adriane Martins Pereira

Atualmente, cursa Pedagogia pela Faculdade de Educação da Universidade Federal de Minas Gerais (UFMG). Durante o percurso acadêmico, participou de pesquisas e projetos externos vinculados à instituição de ensino, envolvendo as seguintes temáticas: educação a distância, uso das Tecnologias Digitais de Informação e Comunicação (TDICs) no contexto escolar, formação de professores, políticas públicas em educação e educação matemática.
E-mail: isabellaadriane@outlook.com

João Paulo Lisbão Nanô

Mestre em Educação e Docência pela Faculdade de Educação da Universidade Federal de Minas Gerais (UFMG) e graduado em História pela Universidade de São Paulo (USP). Atua como professor tutor junto ao grupo TEIA/FAE-UFMG e é integrante do Laboratório de Estudos e Pesquisas no Ensino de História (LABEPEH/FAE-UFMG). Foi coordenador e pesquisador ligado ao Projeto Escola Cidadã da Secretaria Municipal de Educação de Ibirité/MG, entre 2017 e 2018. Atualmente, é professor de História na Rede Municipal de Belo Horizonte/MG e na Rede Municipal de Ibirité/MG. Tem como áreas de interesse: Ensino e Letramento em Direitos Humanos, Ensino de História, Psicanálise e Educação, Teoria Crítica e Educação, Cidadania e Estudos Culturais.
E-mail: jpnano3@gmail.com

Kathelen Ohana Coelho Salles

Graduada em Pedagogia pelo Centro Universitário Newton Paiva e especialista em Educação Inclusiva pela Universidade Norte do Paraná (Unopar). Atualmente, é professora de apoio na Escola Municipal Doutor Walfrido Silvino dos Mares Guia.
E-mail: kathelenohana@hotmail.com

Lúcia Gomes

Formada em Psicologia e em Neuropsicologia pela Pontifícia Universidade Católica de Minas Gerais (PUC Minas), com pós-graduação em Docência na Educação Básica com especialização em Alfabetização e Letramento na Universidade Federal de Minas Gerais (UFMG). Possui experiência como alfabetizadora na Rede Municipal de Educação de Belo Horizonte e no Atendimento Educacional Especializado (AEE). Desde 2021, atua no grupo de trabalho formativo dos professores(as) do AEE, junto à Diretoria de Educação Inclusiva e Diversidade Étnico-racial (DEID/SMED).
E-mail: lucia.gomes@edu.pbh.gov.br

Luciana Aparecida Guimarães de Freitas

Doutoranda e mestre em Estudos de Linguagens, na linha de pesquisa Linguagem, Ensino, Aprendizagem e Tecnologia, do Centro Federal de Educação Tecnológica de Minas Gerais (CEFET-MG). Possui experiência como alfabetizadora na educação de surdos, na Rede Municipal de

Educação de Belo Horizonte e no Atendimento Educacional Especializado (AEE). Atua como Especialista em Educação Básica, na organização de cursos de Libras e Língua Portuguesa como segunda língua – Alfabetização e Letramento –, de seminários e projetos para profissionais da educação e familiares de pessoas surdas, no Centro de Capacitação de Profissionais da Educação e atendimentos às pessoas com surdez (CAS-BH/MG) e na Diretoria de Educação Inclusiva e Diversidade Étnico-racial (DEID/SMED), desde 2020.
E-mail: lucianna.freitas@gmail.com

Maria das Mercês Vieira da Cunha

Professora de História na Rede Municipal de Educação de Belo Horizonte. Mestra em Educação pelo Programa de Pós-Graduação Mestrado Profissional da Faculdade de Educação da Universidade Federal de Minas Gerais (UFMG), pós-graduada em Políticas para a Juventude, Gestão de Projetos Culturais e Gestão Escolar e Coordenação Pedagógica. Desde 2017, integra a equipe da diretoria de Educação Inclusiva e Diversidade Étnico-Racial, na Gerência das Relações Étnico-Raciais da Secretaria Municipal de Educação de Belo Horizonte e coordena os Núcleos de Estudos das Relações Étnico-Raciais. Foi conselheira municipal de Educação no período de 2015 a 2017. Atualmente é conselheira municipal de Promoção da Igualdade Racial.
E-mail: mmerces@edu.pbh.gov.br

Patricia Nascimento Silva

Graduada em Pedagogia pela Faculdade de Educação da Universidade do Estado de Minas Gerais (UEMG). Atua como educadora na Educação Infantil em uma instituição conveniada da Prefeitura de Belo Horizonte.
E-mail: pnascimento481@gmail.com

Rafael Henrique de Resende Marciano

Graduando em Pedagogia com Formação Complementar em Educação de Jovens e Adultos e Formação Transversal em Acessibilidade e Inclusão pela Faculdade de Educação da Universidade Federal de Minas Gerais (UFMG). Já atuou em projetos de ensino, pesquisa e extensão vinculados à UFMG e como estagiário na Secretaria Municipal de Educação da Prefeitura Municipal de Belo Horizonte. Possui experiência no

campo educacional com ênfase nas seguintes temáticas: Educação Especial e Inclusiva, Educação de Jovens e Adultos (EJA) e Alfabetização.
E-mail: rafaelhmarc@gmail.com

Raquel Rocha Vieira

Professora da Rede Municipal de Educação de Belo Horizonte há dezoito anos, com experiência em Educação Especial na Perspectiva da Educação Inclusiva desde 2005, atuando, por dez anos, no Atendimento Educacional Especializado (AEE). É graduada em Licenciatura Plena em Desenho e Plástica pela Escola de Design da Universidade Estadual de Minas Gerais (UEMG) e especialista em Docência na Educação Básica – Juventude e Escola pela Faculdade de Educação da Universidade Federal de Minas Gerais (UFMG). Possui cursos de aperfeiçoamento em: Educação Inclusiva; Fundamentos para o Atendimento Educacional Especializado; Sistema Braille e Inclusão Escolar de Alunos Cegos e com Baixa Visão; Braille no Contexto da Alfabetização; Audiodescrição, Orientação e Mobilidade; e Libras.
E-mail: raquelrocha@edu.pbh.gov.br

Rebeca Cristina Nunes Lloyd Gonçalves

Doutoranda em Educação pela Faculdade de Educação da Universidade Federal de Ouro Preto (UFOP), mestra em Educação e Docência pela Faculdade de Educação da Universidade Federal de Minas Gerais (UFMG), graduada em Pedagogia pela Universidade do Estado de Minas Gerais (UEMG). Possui especialização em Psicopedagogia Institucional, Arte e Educação, Política e Gestão Educacional e Educação de Jovens e Adultos; é professora da Rede Municipal de Educação de Belo Horizonte há vinte e cinco anos e, atualmente, integra o Núcleo de Educação, Cultura e Cidadania da Diretoria de Educação Inclusiva e Diversidade Étnico-Racial. Tem experiência na área de educação, com ênfase em gênero e relações simétricas e assimétricas de poder, infâncias, juventudes, relação família x escola, sistema socioeducativo, clima escolar e enfrentamento de violações infanto-juvenis, atuando principalmente nos seguintes temas: gênero, relação família x escola, cultura de paz e processos circulares. É conselheira de Direitos no Conselho Municipal de Direitos da Mulher da Prefeitura de Belo Horizonte (CMDM/PBH), no Conselho Municipal da Criança

e do Adolescente da Prefeitura de Belo Horizonte (CMDCA/PBH) e no Conselho Municipal da Juventude da Prefeitura de Belo Horizonte (CONJUVE/PBH).
E-mail: rebeca.lloyd@edu.pbh.gov.br

Rodrigo Carlos Pinheiro

Doutorando em Educação: Conhecimento e Inclusão Social, na linha de pesquisa em Educação Matemática, pela Universidade Federal de Minas Gerais (UFMG), mestre em Educação Matemática pela Universidade Federal de Ouro Preto (UFOP), em 2017, especialista em Ensino de Matemática pela Pontifícia Universidade Católica de Minas Gerais (PUC Minas), em 2015, especialista em Libras e Educação para Surdos pela Universidade Norte do Paraná (Unopar), em 2019, e graduado em Matemática pelo Centro Universitário de Belo Horizonte (UNI-BH), em 2011. Atualmente, é docente no Centro Universitário Newton Paiva, atuando nos cursos de Licenciatura em Pedagogia e Letras, membro do Grupo de Estudos sobre Numeramento (GEN) e do Grupo de Pesquisa de Etnomatemática na UFOP.
E-mail: rodrigopinheiro506@gmail.com

Taísa Grasiela Gomes Liduenha Gonçalves

Pedagoga pela Universidade Estadual de Londrina (UEL), mestre em Educação pela UEL e doutora em Educação Especial pela Universidade Federal de São Carlos (UFSCar). Atualmente, é professora adjunta da Faculdade de Educação do Departamento de Ciências Aplicadas à Educação (DECAE) e do Programa de Pós-Graduação em Educação da Universidade Federal de Minas Gerais (UFMG). Líder do Grupo de Estudos e Pesquisas sobre Educação Especial e Direito Escolar (GEPEEDE).
E-mail: taisaliduenha@ufmg.br

Terezinha Cristina da Costa Rocha

Professora da Faculdade de Educação da Universidade Federal de Minas Gerais (UFMG). Doutora em Educação pelo Programa de Pós-graduação em Educação da UFMG, com período sanduíche na Universidade de Lancaster, na Inglaterra. Mestre em Educação pela Pontifícia Universidade Católica de Minas Gerais (PUC Minas) e graduada em Filosofia pela PUC Minas. É coordenadora do Colegiado Especial das Formações

Transversais na Pró-Reitoria de Graduação da UFMG e coordenadora da Formação Transversal em Acessibilidade e Inclusão da UFMG.
E-mail: rocha.tcc@hotmail.com

Virginia Rita Pereira de Andrade Oliveira

Professora aposentada pela Rede Municipal de Educação de Belo Horizonte, com experiência de onze anos no serviço do Atendimento Educacional Especializado (AEE). Graduada em Pedagogia pela Faculdade de Educação da Universidade Federal de Minas Gerais (UFMG), especialista em Psicopedagogia Institucional, Psicopedagogia Clínica e Atendimento Educacional Especializado. É professora formadora no Seminário de Formação de Gestores e Educadores da Rede Pública de Educação: Educação Inclusiva – direito à diversidade (MEC/SECADI/FNDE/PBH), bem como professora formadora do Programa Jovem de Futuro em parceria com a Secretaria de Estado de Educação de Minas Gerais e com o Instituto Unibanco. É colaboradora da página no Instagram: "TodosNós - por uma Pedagogia da Diferença" para apoiar professores em seus estudos sobre Educação Inclusiva.
E-mail: andrade.virginia18@gmail.com

Welder Rodrigo Vicente

Mestrando em Educação: Conhecimento e Inclusão Social pela Universidade Federal de Minas Gerais (UFMG). É psicólogo pelo Centro Universitário Una e Líder de Inclusão de pessoas com deficiência no ensino superior da mesma instituição, bem como é membro do Grupo de Estudos e Pesquisas sobre Educação Especial e Direito Escolar (GEPEEDE) da Faculdade de Educação da UFMG.
E-mail: welder.rodrigo@outlook.com

Este livro foi composto em tipografia Adobe Minion Pro e impresso em papel Offset 75g/m^2 (miolo) e papel Cartão 250 g/m^2 (capa), na primavera de dois mil e vinte dois.